Minha jornada além da VIDA

Universo dos Livros Editora Ltda.
Rua do Bosque, 1589 – Bloco 2 – Conj. 603/606
CEP 01136-001 – Barra Funda – São Paulo/SP
Telefone/Fax: (11) 3392-3336
www.universodoslivros.com.br
e-mail: editor@universodoslivros.com.br
Siga-nos no Twitter: @univdoslivros

MARVIN J. BESTEMAN
COM LORILEE CRAKER

Minha jornada além da VIDA

São Paulo
2013

UNIVERSO DOS LIVROS

1ª edição – 2013

Diretor editorial
Luis Matos

Editora-chefe
Marcia Batista

Assistentes editoriais
Ana Luiza Candido
Bóris Fatigati
Raíça Augusto
Raquel Nakasone

Tradução
Isadora Prospero

Coordenação editorial
Leonardo Ortiz Matos

Arte
Francine C. Silva
Karine Barbosa

Capa
Wellinton Lenzi
Zuleika Iamashita

Dados Internacionais de Catalogação na Publicação (CIP)
Angélica Ilacqua CRB-8/7057

B465m Besteman, Marvin J.

Minha jornada além da vida / Marvin J. Besteman, Lorilee Craker; tradução de Isadora Prospero. -- São Paulo : Universo dos Livros, 2013.
208 p.

ISBN: 978-85-7930-372-2
Título original: My journey to heaven

1. Paraíso 2. Religião 3. Pós-morte I. Título II. Craker, Lorilee III. Prospero, Isadora

13-0175 CDD 133.9013

Dedicado a

Ruth,
minha esposa em 54 anos de aventura.

Steve Yasick,
meu querido genro,
que encontrou o seu Senhor em 2006.

Irvin Zylstra,
meu amigo de infância,
que encontrou o seu Senhor em julho de 2011.

SUMÁRIO

AGRADECIMENTOS

Marvin J. Besteman

Meu pastor, Cal Compagner, que me ajudou neste longo projeto. Nós dois compartilhamos a lealdade ao time de futebol americano da Universidade de Michigan.

Meus queridos filhos, Joe e Julie Wendth, Amy Yasick, Mark e Susan Besteman. Meus cinco netos.

Meus irmãos e suas esposas, Ron e MaryLou e Ken e MaryLou Besteman. Meu cunhado e minha cunhada, Bill e Rose Kalkman.

Minha coautora, Lorilee Craker, que me inspirou quando me faltavam palavras.

Um agradecimento especial aos meus amigos do "Coffee Break", que me encorajavam quando eu ficava desmotivado.

Toda a equipe da Revell – Vicki Crumpton, Twila Bennett, Janelle Mahlman, Barb Barnes –, que foi essencial para tornar este livro uma realidade.

Minha agente literária, Esther Fedorkevich, que me guiou pelo labirinto do mundo literário.

Meus amigos especiais ao longo dos anos, Ken e Joyce Ball, e nossos colegas de esqui, Ed e Jo Westenbroek.

Meus amigos cristãos que viajaram comigo pelo mundo da educação e mais além. Marlan Arnoys, Roger Boerema, Herb DeJonge, Marv Huizenga, Tom O'Hara, Norm Roobol, Jack Smant e Irv Zylstra. Suas esposas também desempenharam um importante papel em minha vida.

Meus agradecimentos a um grupo especial de amigos que acreditaram e incentivaram esse projeto desde o início.

Lorilee Craker

Às seguintes pessoas, minha eterna gratidão:

À minha preciosa corporação: Ann Byle, Alison Hodgson, Angela Blyker, Cynthia Beach, Shelly Beach, Sharron Carrns, e Tracy Groot, por seu apoio e amor infindáveis. Jana Olberg por dividir seu amado Dagny comigo. Tracey Bianchi, o pastor David Beelen, Jamie Young, Gordy Van Haitsma. Minha agente, Esther Fedorkevitch, que nunca desistiu desse projeto, e que foi tão boa para Marv, Ruth e eu. Meus velhos e novos amigos na Baker Publishing: Dwight Baker, os times de vendas, marketing, editorial e publicidade, e especialmente a inteligente e habilidosa Vicki Crumpton, que escolheu esse projeto entre tantos outros.

À minha família, meu amor e agradecimentos: Ken e Linda Craker; meu marido, Doyle, e filhos, Jonah, Ezra e

Phoebe – foi uma alegria dividir um pedacinho do céu de Marv com as pessoas que mais amo.

A Ruth Besteman: obrigada por sua imensa ajuda em todos os aspectos deste livro. Marv e eu não o teríamos escrito sem seu apoio, incentivo, discernimento, conhecimento médico e ótima memória. Eu passei a amar você e Marv profundamente.

E a Marv: muito obrigada por confiar em mim com sua história. Foi uma das grandes honras da minha vida ter escrito este livro com você. Obrigada por me acolher como um membro da sua família e por ser tão carinhoso e engraçado e aberto durante todo o processo. Eu sinto a sua falta, mas sei que você está brilhando como o sol agora, com Deus e aqueles que ama. Quando eu morrer, sei que você estará lá no portão, esperando, com um grande sorriso, e provavelmente uma piada sobre os Red Wings ganhando dos Jets. É esperar para ver. Até nosso próximo encontro, minha gratidão e amor.

Introdução

Faz seis anos desde que tive uma prévia da eternidade que mudou a minha vida, uma visita de meia hora, mais ou menos, ao portão do paraíso.

Nessa curta viagem de ida e volta, reencontrei entes queridos; vi bebês, crianças e anjos; dei uma espiada no trono de Deus e no Livro da Vida; e tive uma conversa com o apóstolo Pedro, o qual, tenho que dizer, parecia um pouco desgrenhado. Ele sempre foi meu personagem preferido da Bíblia.

Primeiramente prometi a mim mesmo nunca contar a ninguém o que tinha acontecido comigo. *Eu* sabia que tinha sido verdade, e não um sonho ou uma alucinação. Mas senti que os outros questionariam a minha sanidade se eu lhes contasse o que eu vi e experimentei do lado de lá. E quando você chega à minha idade, não precisa de mais motivos para as pessoas questionarem a sua sanidade.

Perguntei-me: *Por que alguém acreditaria em mim?* Então, permaneci totalmente calado, remoendo como uma velha cabra teimosa o porquê de eu ter sido enviado de volta para cá.

E, então, um dia Deus me deu um empurrão, basicamente me dizendo para abrir a boca e começar a falar. Sim, Ele falou comigo em voz alta, e, embora não tenha acrescentado um "senão...", eu não quis abusar da minha sorte. Obviamente, Deus queria que eu contasse às pessoas sobre seu paraíso.

Logo depois, comecei a compartilhar minha história com grupos de apoio, grupos de igreja e pessoas jovens e velhas.

Meus mentores espirituais, incluindo meu pastor, sentiam que cerca de vinte por cento das pessoas que ouvissem minha história não acreditariam nela – tal é a natureza humana e a tendência das pessoas a serem cínicas com relação a algo que não se pode provar. Mas, na verdade, foi algo mais como dois por cento.

Isso talvez porque as pessoas consigam perceber que eu não sou o tipo de homem que tolera muita asneira. Sou holandês, o que significa que sou menos suscetível a histórias que a maioria das pessoas. Sou um veterano do exército dos Estados Unidos. Servi por quatro anos durante o final dos anos 1950 e começo dos anos 1960. Estive em serviço ativo de 1956 a 1958 e na reserva até 1962.

Além disso, sou banqueiro, alguém que gosta de lidar com números concretos e porcentagens.

Então sim, a maioria das pessoas acreditou na minha história, pelo que fico muito agradecido. Bem, uns ou outros a atribuem ao fato de eu estar em uma idade avançada – "O velho Marv estava com um parafuso frouxo quando sonhou isso" –, mas a verdade é que, embora esteja velho, ainda tenho todos os parafusos (mas não pergunte a minha esposa Ruth sobre isso; ela talvez prefira dizer "a maioria dos parafusos"!).

Espero que você acredite em mim, mas, mesmo se não acreditar, estou sob a obrigação de contar a você o que me aconteceu na noite de 28 de abril de 2006, quando Deus deu um presente para este vovô, uma prévia do paraíso além de qualquer coisa que eu poderia ter imaginado na minha cabeça de banqueiro.

E foi Ele que ordenou que eu contasse minha história – bem, acredito que Ele pensou especialmente em você lendo este livro, em como minha história iria enchê-lo de encantamento e dar-lhe o conforto e a segurança que você sempre quis.

No portão do paraíso

No meio da noite, enquanto estava deitado na minha cama de hospital na cidade de Ann Arbor, Michigan, visões de beleza celestial eram a última coisa na minha cabeça. Aos 71 anos, tinha acabado de fazer uma cirurgia no Centro Médico da Universidade de Michigan para remover um raro tumor pancreático chamado insulinoma. Era depois do horário de visitas, e Ruth e minha família já tinham ido embora. Eu estava sozinho, debilitado pela dor e um tanto rabugento, me virando e me remexendo; mais que tudo, só queria dormir e escapar do sofrimento e do desconforto por um tempo. Eu não fazia ideia de que estava prestes a ganhar uma fuga além dos meus sonhos mais loucos.

De repente, dois homens que eu nunca tinha visto antes na minha vida entraram no meu quarto no hospital. Não me pergunte como eu sabia, mas, imediatamente, senti que esses homens eram anjos. E eu não estava nem um pouco nervoso.

Depois de me desligarem do emaranhado de tubos, os anjos me tomaram em seus braços e nós começamos a subir, numa viagem rápida que me pareceu leve e suave através do mais azul dos céus.

Eu fui depositado no chão em frente a um portão monumental. E, não, não me lembro dele como sendo "perolado".

Observei, de pé, em uma curta fila, cerca de 35 outros viajantes celestiais, pessoas de todas as nacionalidades. Alguns estavam vestidos com o que entendi que fossem os trajes de suas terras. Um homem carregava um bebê em seus braços.

Eu vi explosões de cores que iluminavam o céu, muito mais impressionantes que a aurora boreal que vi uma vez numa viagem ao Alasca. Simplesmente gloriosas.

Meu corpo de velho parecia jovem, forte e fantástico. Os incômodos, dores e limitações da idade tinham sumido. Sentia-me como um adolescente de novo, mas ainda melhor.

A música que eu ouvi era incomparável a qualquer coisa que tinha escutado antes. Havia um coral de um milhão de pessoas, milhares de órgãos, milhares de pianos. Foi a música mais exuberante e linda que eu já ouvi. E sabe que todos os dias desde a minha experiência eu tenho ouvido alguns trechos daquela música? Eu sou muito abençoado por recordar aquele som celestial.

E então, uma saudação: "Olá, Marv. Bem-vindo ao paraíso. Meu nome é Pedro".

À minha frente, estava uma das mais amadas figuras das Escrituras, o esquentado apóstolo Pedro, a "rocha" sobre a qual Cristo construiu sua igreja, e o suposto guardião das portas da glória. Acho que o motivo pelo qual sempre me senti próximo a Pedro foi porque o achava muito parecido comigo. Ele é cabeça quente e eu sou cabeça-dura, para começar.

Nós conversamos um pouco e até discutimos (adivinha quem ganhou?), e, quando recordo aquela conversa, fico entusiasmado por ter tido um encontro desses com um dos melhores e mais corajosos homens que já andaram pela Terra.

Falarei detalhadamente sobre esse incrível encontro mais adiante, mas, por enquanto, você deve saber que Pedro folheou o Livro da Vida, que era, na verdade, vários livros, procurando meu nome. Mas claro que não conseguiu encontrá-lo; de outro modo, eu estaria no céu agora, possivelmente tendo outro debate animado com Pedro. Ele deixou seu posto no portão do paraíso por um momento para consultar Deus sobre o que fazer comigo – manter-me ali ou enviar-me para casa. Meu voto era definitivamente para ficar por lá. Certamente de propósito, Pedro deixou a porta do paraíso aberta, revelando um portão translúcido através do qual eu podia ver o que havia do outro lado.

O que eu vi além do portão foi um tipo de revelação. Acredito que Deus quer que eu a compartilhe com você, para que você saiba um pouco sobre o que o aguarda quando essa vida terminar. Mal posso esperar para contar a você sobre como as pessoas estavam vestidas no paraíso, o quão magnificamente saudáveis e felizes todas pareciam, e como os inúmeros bebês e crianças que eu vi estavam rindo e brincando. Um dos maiores motivos pelos quais decidi compartilhar minha história foi oferecer consolo àqueles que perderam um bebê ou uma criança. Tantos de vocês perderam uma filha ou um filho preciosos, e eu sei exatamente o quão profundamente dolorosa é essa perda. Mais de cinquenta anos depois, nós ainda temos saudades do nosso garoto, William John, que viveu apenas por dez horas, até ser levado dos nossos braços.

Não vi meu filho no paraíso, mas sei que ele está lá e que estarei com ele da próxima vez que eu for. Porque, da próxima, não retornarei!

Felizmente, eu vi seis entes queridos além do portão, e, nos capítulos 9 e 10, contarei tudo sobre como eles estavam e o que significavam para mim.

Diversos minutos se passaram antes que Pedro retornasse com um informe divino: "Marv, conversei com Deus, e Ele me disse para informá-lo que você tem que voltar. Ele ainda tem trabalho para você na Terra. Ele ainda tem coisas para você terminar lá".

Mas, mas, mas...! Pode ter certeza de que Pedro e eu discutimos um pouco sobre o assunto. Acredite quando digo que, uma vez que você visita o paraíso, você nunca, *nunca* quer voltar para a Terra. É realmente um lugar com tudo de bom e bonito que você pode imaginar, onde você se sentirá mais livre e amado do que já sonhou ser possível. É realmente um futuro para aguardar avidamente, aquele "lar na terra gloriosa que brilha mais do que o Sol"[1], como diz a canção.

No fim, eu não tive muita escolha sobre ficar ou ir. Antes que pudesse preparar um contra-argumento a Pedro, fui enviado de volta num piscar de olhos. No momento seguinte, estava de volta à minha cama de hospital na UM (Universidade de Michigan).

Outra vez eu estava deitado, torturado por dores e conectado a uma bagunça de tubos por todos os lados. Naquele momento, tomei a decisão imediata de nunca revelar o que tinha visto e ouvido naquela noite incrível.

Por que alguém acreditaria em uma palavra daquilo? Que o bom e velho Marv Besteman, sal da terra, tinha sido escolhido, entre milhões de pessoas, para dar uma espiada no paraíso eterno? Eu já podia imaginar o que eles pensariam:

"Claro, Marv pegou uma carona com uns anjos até as nuvens – e provavelmente deixou a cabeça lá!"

1 Verso da canção "Doo Lord", de Johnny Cash: "[...] home in Glory Land that outshines the sun". (N. T.)

"Não é triste? Aquele simpático sr. Besteman está alucinando que discutiu com São Pedro – ele até acha que contou a Pedro que ele era um 'holandês cabeça-dura'! Bem, cabeça-dura ele é..."

Eu sentia no fundo da alma, ninguém ia acreditar. Sobretudo, eu sabia que nunca poderia contar a ninguém que tinha visto Steve, o genro que me pedira anos atrás para ser seu pai, o filho extra que eu amava como se fosse meu próprio garoto. Steve morreu dois meses antes de eu ir para o paraíso, devido à síndrome de Ehlers-Danlos, uma doença cruel e vil que eu não desejaria para meu pior inimigo. Como eu queria contar à minha filha como estava bem seu marido, o quão vibrante e contente! Mas senti, à época, que isso só iria confundi-la e entristecê-la. Seu sofrimento ainda era muito recente.

O único problema era que minha viagem ao paraíso *tinha* acontecido – e exatamente como eu me lembrava.

Eu não conseguia parar de pensar sobre meus anjos, e o lugar radiante e pacífico chamado paraíso para o qual voei com eles.

Imagens daquela viagem me bombardeavam: as explosões de cores que iluminavam o céu, as centenas e milhares de bebês e crianças que eu vi e, por um instante luminoso, a visão que tive do trono de Deus com duas imagens indescritíveis sobre ele.

Na minha mente, podia ver Pedro perfeitamente, seus cabelos espessos, seu manto antigo, e a expressão no seu rosto quando me disse que não conseguia encontrar meu nome no Livro da Vida – "para hoje".

Por acaso eu acreditaria numa história dessas se alguém me contasse? Não, provavelmente não, embora eu nunca vá saber com certeza.

"Você foi realmente abençoado"

Por muito tempo, fiquei com raiva de Deus por ter me levado àquele lugar perfeito e feliz e então me trazer de volta à vida na Terra, aos desconfortos e dores de um homem velho, a um lugar cheio de sujeira e crime, doença e lágrimas. Desde então, li um pouco sobre pessoas que visitaram o paraíso, e vi que quase todas voltam sentindo-se deprimidas e irritadas. De acordo com alguns estudiosos, até Lázaro, que Jesus ergueu do túmulo, o irmão sobre o qual Maria e Marta choraram, enfrentou dificuldades em sua vida após a ressurreição.

É difícil para as pessoas entenderem, eu sei. Um viajante celestial não estaria transbordando de notícias incríveis sobre coisas futuras para todos os filhos de Deus? Mas eu sei o quanto lutei com emoções negativas quando retornei. No fim, todos que veem o céu, mesmo que por um segundo, querem permanecer lá para sempre, não importa o quão agradável sua vida possa ter sido na Terra.

Deus tinha planos para mim, uma missão para esse aposentado que ia além de jogar golfe e tomar café na padaria do Arnie com meus colegas. Ele começou um trabalho em mim naquela noite e, de forma lenta porém segura, mostrou-me o propósito e a missão que tinha ao enviar-me numa viagem de ida e volta ao paraíso.

Cinco meses após meu retorno, não aguentei e contei tudo àquela que é minha querida esposa há cinquenta anos. Enquanto lágrimas escorriam pelo meu rosto, toda a história irrompeu de uma vez, até a parte sobre ter visto o Steve da nossa Amy.

A resposta de Ruth mudou tudo.

"Marv, você foi realmente abençoado", ela disse, balançando a cabeça, seus claros olhos azuis abertos e maravilhados.

Depois de quebrar o gelo com Ruth, minha intenção de manter todos os detalhes inacreditáveis em segredo começou a se desfazer. Compartilhamos a história com nossos três filhos, Julie, Amy e Mark.

Naquele Natal, Amy me deu um livro de que eu nunca tinha ouvido falar: *90 minutos no céu*, de Don Piper. De algum modo, esse best-seller tinha escapado completamente à minha atenção até a manhã de Natal após minha viagem ao paraíso. Ocorreu-me que Deus poderia querer que eu escrevesse um livro também. Mas eu sou um banqueiro, não um escritor, e escrever um livro me pareceu, na época, tão improvável quanto viajar ao paraíso.

Então, nove meses após minha cirurgia, eu estava tendo alguns problemas com meu estômago, que estava inchado e distendido. Minha visita a um médico, a conversa que tivemos naquele dia em seu consultório, e a clara voz de direcionamento que ouvi em meu espírito enviaram-me mais profundamente no sentido de compartilhar minha história. Conservar apenas comigo mesmo o que eu tinha experimentado não era mais uma opção.

Deus tinha deixado perfeitamente claro: se eu contasse a sua história fielmente, Ele a usaria para confortar aqueles que estavam de luto, para consolar pessoas que estavam morrendo e a seus entes queridos e para plantar uma semente de esperança naqueles que não haviam ainda escolhido Cristo.

É por isso que você segura minha história hoje. Eu o convido a ser meu companheiro e eu, o seu, em uma viagem ao paraíso e de volta dele. Juntos, puxaremos a cortina que nos separa do outro lado, e aprenderemos muitas coisas intrigantes e fantásticas sobre anjos, o Livro da Vida, o apóstolo Pedro e o próprio paraíso, onde Deus prepara um lugar para você e para mim. Finalmente, estaremos com a Pessoa para qual fomos feitos, em um lar onde fomos destinados a estar.

Mais uma coisa antes de começarmos: eu dei muitas palestras nos últimos anos para pessoas ávidas por informações sobre como é o céu. No final de cada palestra, eu digo à plateia que, da próxima vez, não retornarei. Ficarei lá para sempre com meu Senhor e aqueles que amo.

"E estarei esperando por cada um de vocês no portão" – acrescento no final da palestra. "Verei vocês lá?"

Verei *você*? Se ainda não sabe a resposta a essa questão, não quer fazer um favor a esse velho e refletir sobre ela enquanto viajamos juntos por estas páginas?

Pois bem, vamos lá...

1 UM CASO EM UM MILHÃO

Eu nunca tinha ouvido falar de insulinoma antes de ter sido diagnosticado com ele. No que se refere a doenças, essa não era uma das famosas, que levam as pessoas a estalar a língua, fazer careta, ou balançar a cabeça em solidariedade. Quando eu contava às pessoas que eu tinha insulinoma, elas me olhavam como se não soubessem do que eu estava falando – e não sabiam mesmo. Mas eu realmente a tinha, e foi o que me levou ao Centro Médico da Universidade de Michigan em Ann Arbor, Michigan, em abril de 2006.

Tudo começou em 2003, três anos antes do meu diagnóstico com essa estranha doença. Ruth e eu estávamos passando alguns meses na Flórida, aproveitando o sol e tentando ganhar um do outro no golfe (naquela época, eu conseguia ganhar dela, embora com esforço). Foi lá que tive meu primeiro "episódio".

Aparentemente (não tenho nenhuma recordação disso), em uma noite, estávamos sentados em casa e, de repente, eu simplesmente entrei em um estupor. De acordo com Ruth, eu olhei para o nada por uma hora, sem saber quem ela era, completamente desorientado e confuso, e um pouco agitado. Uma vantagem de ter uma enfermeira como esposa é que ela muitas vezes sabe o que há de errado comigo ou, pelo menos, o que fazer para ajudar na situação. Ela achou que parecia um caso de baixo nível de açúcar no sangue, e enfiou um pouco de chocolate na minha boca para equilibrar o meu nível de açúcar. Ruth me contou que eu não podia nem fechar minha boca para mastigar, tal era o meu estado. Ela fechou minha boca por mim, algo que ela provavelmente desejava ter feito há muito mais tempo.

Ruth me levou no dia seguinte ao pronto-socorro para fazer testes, e eles não conseguiram achar nada de errado.

Durante os três anos seguintes, eu fiquei bem – sem mais "episódios". Uma vez que nem me lembrava do que tinha acontecido, não pensei muito sobre isso. Ruth, porém, sendo tanto enfermeira como esposa, guardou o fato num canto da cabeça, se perguntando se aconteceria de novo e, para começo de conversa, por que havia acontecido.

Estávamos de férias em Boyne Mountain, Michigan, com dois dos nossos netos, quando eu tive outra crise. Foi o mesmo tipo de coisa que aconteceu na Flórida; acordei durante a noite, atordoado e incoerente, e não tinha ideia de quem era Ruth ou onde estava. Quando Ruth acordou, viu que eu tinha trazido minhas pernas até a posição fetal, e estava olhando para ela sem realmente vê-la. Eu gemia e gemia, mas não parecia ter nenhuma dor. Ruth me levantou para ir ao banheiro e teve de me segurar durante todo o caminho de tanto que eu tremia. Ela me fez comer mais chocolate, e, de alguma maneira, me manteve quieto. Nossa neta estava dormindo no mesmo quarto de hotel, e Ruth não queria assustá-la.

Na manhã seguinte, eu me sentia perfeitamente normal, mais uma vez, e não tinha nenhuma recordação do que havia acontecido na noite anterior. Levamos as crianças para um parque aquático, fomos almoçar, e dirigimos de volta até nossa casa, em Grand Rapids, onde aconteceu de novo.

Eu tinha adormecido no sofá, e quando acordei, mais uma vez não sabia onde estava ou quem era Ruth. De acordo com ela, eu estava ansioso e um pouco demente, meu coração batia rápido e meus membros tremiam. Eu estava gemendo de novo, e batia repetidamente nas almofadas do sofá.

Dessa vez, por dentro, ela estava assustada também. Eu comecei a engatinhar pelo chão, tentando sair da casa, tentando me afastar da pobre Ruth. Ela me agarrava pelo cinto, procurando me fazer desacelerar para que eu não conseguisse sair. Ela finalmente conseguiu trancar as portas e ligar para a emergência. Enfermeira ou não, minha esposa estava definitivamente alarmada, mas seu treinamento ajudou-a a permanecer calma e assumir o comando da situação.

– O que ele está fazendo? – perguntou-lhe o atendente da emergência.

– Está engatinhando pelo chão, e não faz ideia de quem eu sou.

A ambulância chegou lá cerca de cinco minutos depois, me carregou para dentro e me levou ao hospital Spectrum Health no centro de Grand Rapids. Eu fiquei no Spectrum por dez dias, onde cutucaram e examinaram cada centímetro do meu corpo. Finalmente, fui diagnosticado com insulinoma, um tumor raro do pâncreas que se manifesta exatamente como o contrário da diabete. Meu pâncreas estava produzindo tanta insulina que consumia todo o açúcar do meu corpo, causando assim os estranhos episódios. Eu tinha um nível de açúcar de 31, o que aparentemente eram más notícias. Tive também a questionável honra de ser o primeiro caso de insulinoma que eles identificaram naquele hospital, um dos melhores nos Estados Unidos. Literalmente, menos de uma em um milhão de pessoas são diagnosticadas com isso a cada ano. Cerca de duzentos casos são confirmados anualmente no país inteiro. Eu era um desses sortudos.

Os médicos no Spectrum recomendaram que eu visse um cirurgião muito especializado, ou no Centro Médico da Universidade de Michigan em Ann Arbor ou na Clínica Mayo em Rochester, Minnesota. Eu estive nessa universidade por um curto período na época da faculdade; até usei meus patins para jogar hóquei para eles naqueles tempos. Pensei que, como já tinham um pouco do meu dinheiro, eu poderia dar mais um tanto para eles. Tive que descansar e esperar alguns dias até que uma cama ficasse livre em Ann Arbor. Ruth e eu já havíamos saído do hospital e retornado para casa, a somente vinte minutos de distância; então, eu estava sozinho quando, de repente, me informaram que tinham uma cama pronta na UM. Eles me embalaram em uma ambulância e rapidamente nos dirigimos para Ann Arbor, a duas horas e meia de Grand Rapids. Ruth decidiu ir no dia seguinte, à luz do dia, para que pudesse encontrar o lugar mais facilmente.

Uma vez na UM, descobri o quão especial eu era. Lá no hospital, os médicos não entravam no meu quarto um de cada vez; eram sempre de três a cinco por vez. Acho que minha doença era tão rara que os médicos vinham em grupos para poder inspecionar esse cara extraordinário e sua doença excepcional. Eles haviam me diagnosticado com insulinoma em Grand Rapids, mas aqueles médicos e os novos em Ann Arbor ainda não sabiam exatamente onde o tumor estava localizado no meu pâncreas.

Isso era crucial, porque, aparentemente, um cirurgião não pode simplesmente remexer no pâncreas de uma pessoa. Evidentemente, você pode ter uma hemorragia terrível se eles entrarem sem saber o local exato que estão tentando atingir. Mas estava sendo mais fácil falar que fazer.

Uma jovem médica no hospital da UM teve uma ideia brilhante: ela passaria uma sonda pediátrica através do meu corpo para encontrar a localização exata do meu tumor. Funcionou, graças a Deus. Ruth e eu ficamos extremamente aliviados por ela ter encontrado o tumor. Não queríamos enfrentar a possibilidade de um sangramento excessivo durante a cirurgia.

Minha cirurgia durou cinco horas. A querida Ruth já tinha passado por uma montanha-russa, imaginando o que havia de errado comigo, e sabendo que algo estava errado, mas não o que aquilo poderia ser. Meus "episódios" eram estressantes também, sem contar o drama de ser diagnosticado com essa doença extremamente rara e a preocupação por não saber se os médicos encontrariam o local do tumor.

Ela diz que Deus lhe deu um profundo conforto durante essas cinco horas em que ela esperava para saber o que havia acontecido na mesa de operação. No fim, as coisas tinham ido bem, de acordo com as expectativas dos médicos para a cirurgia. Eles não encontraram problemas no local do tumor, e a minha glicose sanguínea foi de oitenta para 180 e, então, rapidamente para o nível normal de 115, assim que o tumor foi removido. O único problema foi que eu acordei com mais dor do que achava ser humanamente possível.

De acordo com Ruth e nossa família e amigos, diversos entes queridos foram me visitar após a cirurgia. Mas eu não soube nem me importar com quem estava naquele quarto. Phil Mickelson poderia ter passado lá para pegar algumas dicas de golfe comigo e eu não teria ligado.

Uma médica cujo único trabalho era controlar a dor dos pacientes passou três horas no meu quarto, ajustando minha medicação. De cerca de cinco da tarde às oito daquela noite, ela tentou controlar minha dor. O que quer que estivesse fazendo, não estava funcionando nem um pouco, embora não por falta de tentativas.

Não estou sendo chorão quando digo que foi horrível. Disseram-me que eu estava com muita dor porque o pâncreas fica atrás do estômago, e então o cirurgião teve que mover meus outros órgãos para atingi-lo. Além disso, em uma operação grande como essa, as terminações dos nervos são aparentemente cortadas, e então têm de ser religadas e se regenerar. Naquele momento, as terminações dos meus nervos ainda não tinham se regenerado, para dizer o mínimo. Ah, e quase esqueci: a anestesia epidural parou de funcionar durante a cirurgia e eu tive que receber uma nova anestesia no meio do procedimento. "Ai" nem começa a descrever.

As enfermeiras gostam de dizer "Como está sua dor, numa escala de um a dez?". Aquilo estava além de um dez.

Eu acordava e perdia a consciência, despertando daquela e para aquela dor aguda. Eu me lembro de apertar repetidamente o botão que acionava os remédios para controle da dor, mas nada parecia funcionar. Ruth dizia que, porque era a minha primeira noite após a operação, as enfermeiras entrariam a cada meia hora para verificar como eu estava. Ruth não conhecia Ann Arbor, e queria voltar para o seu hotel antes que ficasse escuro lá fora. Ela me beijou no rosto, disse que me amava e saiu. Ela partiu aproximadamente às oito da noite, logo após a médica do controle de dor ter desistido por aquele dia e ter deixado o quarto.

Eu estava deitado em minha cama, infeliz e terrivelmente inquieto por causa da dor. Havia um relógio no meu quarto, mas não conseguia vê-lo (e também não estava ligando para o horário). É por isso que não sei exatamente que horas eram na noite de 27 de abril de 2006, ou no início da manhã de 28 de abril, quando dois estranhos entraram no meu quarto e eu imediatamente esqueci completamente da dor.

2 Dois anjos

Não me pergunte como eu sabia que os dois desconhecidos que haviam acabado de entrar no meu quarto eram anjos; eu simplesmente sabia. Sem sombra de dúvida, eles eram visitantes angelicais, vindos para me levar para casa. Eu também não estava nem um pouco preocupado. Um sentimento de profunda calma me percorreu enquanto esses dois homens se aproximavam da minha cama, um de cada lado. Eles estavam sorrindo e em silêncio. Meus anjos pareciam caras normais, exceto que caras normais geralmente não usam mantos brancos. Ambos pareciam ter cerca de quarenta anos e um metro e setenta de altura. Um tinha cabelos castanhos um pouco longos, e o outro, cabelos mais curtos.

Todo mundo tem uma imagem mental de anjos, e eu também tinha a minha. Quando eu pensava em anjos antes de conhecer um de fato, eu os imaginava mais jovens que os seres que vi. Eu também pensava que anjos eram tanto homens como mulheres, mas talvez isso seja devido àquela antiga série de televisão, *O toque de um anjo*. E, na verdade, não, nenhum tinha asas. (Eu sei que é isso que você estava se perguntando, porque é uma das principais perguntas que ouço sobre minha experiência: os anjos tinham asas?) Um pouco depois, tive um encontro com criaturas aladas, mas chegaremos a esse ponto no devido tempo.

Os anjos não poderiam ter sido mais delicados, pacíficos e silenciosos enquanto me desconectavam dos meus tubos. (Eu estava ligado a cerca de cinco tubos diferentes – intravenoso, gástrico etc.) Mas espere só um minuto. Por que anjos – com superpoderes que fazem o Homem-Aranha e o Super-Homem parecerem fracotes – se dariam ao trabalho de me desligar dos tubos que me conectavam à minha cama de hospital e a essa Terra? Eles não poderiam simplesmente me teletransportar ao paraíso, como Scotty, o engenheiro-chefe da Enterprise, costumava impulsionar o capitão Kirk de volta à nave?

Claro que eles *poderiam* ter me teletransportado, me projetado como um foguete, me feito flutuar como um balão, mas não fizeram isso. Meus anjos escolheram cuidadosa e gentilmente desligar cada tubo antes de levantarmos voo, e eu não sei exatamente por quê.

Claro, tenho algumas teorias. Eles sabiam, porque Deus lhes havia dito, que eu era um holandês, um banqueiro aposentado e, ainda por cima, um habitante do Meio-Oeste. Eu sou um homem que gosta de pôr os pingos nos "i", então talvez tenham achado melhor me desligar do planeta Terra de modo disciplinado.

Meus instintos me dizem que eles estavam me preparando para o que viria em seguida, facilitando a minha transição dessa vida para a próxima.

Meus anjos puseram seus braços ao redor de um dos meus lados; então senti uma súbita sensação ascendente, e nós três começamos a voar até o céu. Meus anjos me carregavam com seus braços em volta de mim. Eu não estava nem um pouco assustado: era exatamente o contrário. Sentia uma perfeita serenidade, mas também um sentimento de entusiasmo pelo que estava por vir. Foi suave e maravilhoso, garanto a você, não como em alguma viação comercial, sacolejando pelos céus.

Não poderia dizer quanto tempo demorou a viagem – entre alguns segundos e alguns minutos, no máximo. Meus anjos e eu voávamos por um céu brilhantemente azul, e eu sentia uma sensação profunda de leveza e calma.

Havia simplesmente muita paz.

"Ministros da graça divina"

Antes de conhecer os dois anjos que vieram me levar ao céu, eu não havia pensado muito sobre o assunto. Eu sabia que anjos tinham estado comigo quando nasci, e que estariam comigo quando morresse. Eu acreditava em anjos desde quando consigo me lembrar. Porém, quando conheci meus dois anjos e voei com eles para o paraíso, fiquei pensando depois sobre todas as maneiras pelas quais os anjos estão conosco e nos apoiam entre o nascimento e a morte.

Posso contar em uma mão o número de sermões bons e sérios que ouvi em minha vida sobre anjos. Quando você é holandês, você é estoico, orgulhoso da dose de ceticismo que corre por suas veias "laranjas" (o laranja, para aqueles que não sabem, é a cor da família real holandesa, a casa de Orange-Nassau). Eu não sou da realeza, mas sou holandês e me orgulho disso. O que estou tentando dizer é que os calvinistas holandeses não são muito fãs de visões de anjos. Até João Calvino, que fundou a teologia reformada, era cauteloso quando discutia o tema dos anjos. Muito do que se diz sobre anjos, ele disse uma vez, está fora da Bíblia, não sendo, portanto, verificável. (Ainda bem que Calvino não estava por aqui em meados dos anos 1990, quando anjos estavam na moda e parecia haver seres celestiais fofinhos e gordinhos flutuando atrás de cada arbusto.)

Mas, mesmo Calvino, com sua relutância em desembocar nas tolices que podem ocorrer quando as pessoas ficam obcecadas com anjos, disse que existiam "ministros e distribuidores da graça divina entre nós".

Não há dúvida de que o jeito que meus anjos me levantaram em meu quarto no hospital, com todo o respeito e a gentileza desse mundo e do próximo, foi um tipo de graça ou presente para mim. Aposto que Lázaro sentiu-se do mesmo jeito quando os anjos o carregaram ao seio de Abraão na parábola do homem pobre e do homem rico em São Lucas (16, 22): "Ora, aconteceu morrer o mendigo e ser levado pelos anjos ao seio de Abraão. Morreu também o rico e foi sepultado". Cuidar dos fiéis no momento da morte é só uma das muitas funções dos anjos, de acordo com a Bíblia.

Eu sempre soube, desde meus dias de escola dominical, que os anjos eram servidores de Cristo; como Cristo, observando o que dizemos e fazemos.

Depois do meu tempo no paraíso, fiquei mais fascinado do que nunca com anjos, e decidi estudar a Bíblia e descobrir o máximo possível sobre os dois desconhecidos que entraram no meu quarto de hospital e seus companheiros. Além disso, depois de contar minha história celestial para outras pessoas, várias começaram a me contar suas próprias histórias incríveis sobre anjos, algumas das quais transmitirei a você.

Mas, em primeiro lugar, posso compartilhar algumas das coisas fantásticas que aprendi sobre anjos na Bíblia? Acho que você ficará tão intrigado quanto eu.

Anjos para iniciantes

- **Há 196 referências a anjos nas Escrituras.** 103 no Antigo Testamento e 93 no Novo Testamento. Essas referências estão distribuídas pela Bíblia em pelo menos 34 livros, do Gênesis ao Apocalipse.

- **Anjos são mensageiros celestiais.** A palavra hebraica para anjo é *mal'ach*, e a palavra grega, *angelos*. Ambas significam “mensageiro” e descrevem alguém que executa as metas e ordens de Deus.

- **Os anjos foram criados *antes* da Terra.** No livro de Jó (38, 4-7), quando Deus está questionando Jó, somos informados de que os anjos (“filhos de Deus”) já estavam lá quando a Terra foi criada:

  Onde estavas quando lancei os fundamentos da terra? Fala, se estiveres informado disso. Quem lhe deu as medidas, já que o sabes? Ou quem sobre ela estendeu o cordel? Onde se assentam suas bases? Ou quem colocou nela a pedra angular, sob os alegres concertos dos astros da manhã e sob as aclamações de todos os filhos de Deus?

- **Os anjos vivem no paraíso, mas podem viajar para qualquer lugar no cosmo e na criação.** Em São Marcos (13, 32), Jesus fala sobre os “anjos do céu”, o que sugere fortemente que os anjos têm lá um lar ou centro para suas atividades. Entretanto, eles têm muitas missões para cumprir e, portanto, têm acesso a todo o universo, tanto ao céu como à Terra. Na Bíblia, os anjos serviram tanto na Terra (como é o caso do anjo que voou e trouxe a Daniel uma resposta à sua prece) como no céu: quatro anjos, descritos no Apocalipse (7, 1) estavam nos quatro cantos da Terra, “se conservavam em pé nos quatro cantos da terra, detendo os quatro ventos da terra, para que nenhum vento soprasse sobre a terra, sobre o mar ou sobre árvore alguma". Da Via Láctea a Milwaukee, do trono de Deus aos balanços em varandas na Terra – os anjos têm acesso a todo o universo.

- **Os anjos são super-heróis.** Mas não se engane, eles não são tão poderosos quanto Deus. Aliás, a Bíblia nos informa que têm limitações. Mesmo assim, comparados aos seres humanos, os anjos são muito mais inteligentes e sábios e possuem poderes espantosos. Para começar, podem voar, com ou sem asas (lembre-se, meus anjos não tinham asas), e se transformar em um ser celestial ou humano em um piscar de olhos. Mas de vez em quando, como as histórias a seguir neste capítulo ilustrarão, os anjos podem aparecer a qualquer hora, e então dissolver-se no ar. Eles são incrivelmente poderosos também. Estima-se que a pedra cobrindo o túmulo de Jesus, por exemplo, pesava entre 450 e novecentos quilos, o mesmo peso de um carro médio. Um anjo rolou-a como se fosse uma bola de boliche. Em Atos dos Apóstolos (12, 6), consta que um anjo invadiu uma prisão, quebrou cadeias de ferro com suas próprias mãos e deixou o apóstolo aprisionado escapar. O apóstolo Pedro diz tudo: os anjos são nossos "superiores em força e poder" (II São Pedro 2, 11).

- **Os anjos estão numa missão.** Seu principal trabalho parece ser cultuar e louvar a Deus no céu (eu ouvi suas vozes fenomenais quando estava no portão). Mas os anjos também revelam a vontade de Deus para seus filhos, como o anjo Gabriel revelou a Maria que ela ficaria grávida. Eles nos guiam e nos orientam; deram instruções a José, às mulheres no túmulo, a Filipe, Cornélio e a muitos outros na Bíblia. Deus usou os anjos para fornecer necessidades físicas tais como comida e água para Agar, Elias e Cristo, após sua tentação. Eles nos protegem, mantendo-nos longe do perigo físico – como protegeram Daniel na cova dos leões – e nos salvam do perigo quando nos confrontamos com ele. Por fim, mas não menos importante, uma das funções angélicas é nos fortalecer e incentivar, do mesmo modo como um anjo incentivou Paulo ao contar a este que ele e todos os outros no navio iriam sobreviver ao iminente naufrágio (Atos dos Apóstolos 27).

Na Bíblia, fala-se dos anjos como sendo homens. Sei que em Cristo não há "macho ou fêmea". Tanto homens como mulheres são feitos à sua imagem e Ele os ama igualmente. Meus anjos eram homens, assim como a grande maioria dos anjos mencionados na Bíblia, pelo menos aqueles que assumiam a aparência de seres humanos. Claro, é possível que, uma vez que os anjos são seres espirituais, eles possam assumir a aparência de mulheres, assim como de homens (veja, a seguir, a história de Gordy). Há uma exceção na Bíblia, em Zacarias (5, 9), que contém uma pista de que pode haver anjos mulheres: "Então levantei os olhos e olhei: apareceram duas mulheres, e o vento soprava em suas asas. Tinham asas como de cegonha". Como cegonhas, hein? Agora isso tocou num ponto sensível para mim, por motivos que eu explicarei em breve. De todo modo, é possível que esse versículo dê credibilidade à existência de anjos mulheres. Alguns teólogos acreditam que as mulheres aladas aqui são de fato seres celestiais, mas não necessariamente anjos. Eu os deixarei disputando esse ponto em particular.

Anjos são invisíveis, a não ser que Deus abra nossos olhos a eles ou que eles assumam a aparência de homens reais. Por serem criaturas espirituais, normalmente não podemos ver os anjos que estão aqui conosco, cuidando de nós, ministrando para nós e lutando em nosso nome. Mas, às vezes, Deus nos dá a habilidade de vê-los, como eu fui sortudo o bastante para ver. Balaão, o homem da jumenta, não pôde ver o anjo em seu caminho até que o Senhor abriu seus olhos (Números 22, 31), e o servo de Eliseu não podia ver a multidão de anjos que o cercava até que Eliseu rezou para que seus olhos fossem abertos (II Reis 6, 17). Repetidamente, nas Escrituras, os anjos foram tomados por homens porque era frequente terem a mesma aparência que homens! Abrãao pensou que os três anjos que se aproximaram de sua barraca no deserto fossem visitantes normais, e ofereceu-lhes comida e bebida. Seu sobrinho Lot pensou a mesma coisa quando, pouco tempo depois do encontro angelical do seu tio, dois anjos apareceram em sua casa em Sodoma. Ele os convidou a lavar os pés e permanecer durante a noite. Não acho que ele teria pensado em pés limpos se eles não tivessem a aparência de homens comuns.

Meus anjos tinham a aparência de homens que eu poderia ver no campo de golfe, ou num jogo de hóquei, a não ser, é claro, pelo fato de estarem usando mantos com mangas compridas. Suas roupas eram brancas e finíssimas, quase translúcidas, mas não totalmente transparentes, e iam até cinco ou oito centímetros do chão. Ambos usavam cordas ou longos trapos como cintos ao redor da cintura.

Os anjos são às vezes descritos na Bíblia como criaturas cujos rostos são como "relâmpagos" e que usam trajes de um branco fulgurante, deslumbrante. Ao ver esses anjos, as pessoas caíam com os rostos no chão, com medo e maravilha.

Anjos incógnitos

Depois da minha viagem ao céu, fiquei maravilhado com a quantidade de vezes na vida que provavelmente estive cercado por anjos sem saber. Quantas vezes eu joguei no mesmo campo de golfe que um anjo, ou sentei ao lado de um deles em um jogo de hóquei, desconhecidos que tinham uma aparência comum e agiam de modo inteiramente normal? Muitas pessoas têm me perguntado sobre como eram meus anjos, e algumas até me contaram suas próprias histórias de encontros com anjos aqui na Terra. Escolhi várias dessas histórias para compartilhar com você, esperando e rezando para que você seja tão cativado, inspirado e incentivado por elas quanto eu.

O anjo de Janet

Janet era o tipo de mulher no qual as pessoas nem reparavam. Desajeitada e carecendo de talentos sociais, era uma pessoa tão desimportante quanto você é capaz de imaginar. Uma trabalhadora na linha de montagem de uma fábrica de biscoitos, Janet voltava todas as noites para um apartamento apertado e sujo, onde conversava no telefone com sua mãe idosa, Millie, ou ligava a televisão e aquecia algum tipo de refeição congelada. Mas Deus, seu Pai celestial, amava-a tanto que mandaria um anjo ao seu funeral para transmitir uma mensagem tão poderosa que os poucos participantes jamais a esqueceriam.

Um dia, quando Janet tinha quarenta e poucos anos, morreu subitamente de um ataque cardíaco. Tendo poucos amigos e menos familiares ainda, coube ao pequeno grupo da igreja de sua mãe planejar o funeral de uma mulher que mal conheciam.

Por Millie, os membros do pequeno grupo tentaram fazer com que o funeral de Janet fosse agradável e significativo. Eles encomendaram flores roxas para o enterro, porque Millie disse que era a cor preferida de Janet. As canções de que ela mais gostava foram cantadas por uma plateia difusa de cerca de trinta pessoas que entravam aos poucos no santuário de quinhentos lugares. As meninas dos olhos de Janet – suas duas pequenas sobrinhas-netas – abraçavam a mãe e a bisavó no banco da frente, quase vazio, não fossem elas quatro.

Foi um risco, mas Millie respondeu afirmativamente quando lhe perguntaram se deveria haver um tempo para as pessoas compartilharem suas lembranças de Janet. Seu pior medo – que ninguém andasse até o microfone com uma memória – quase se realizou quando um silêncio embaraçoso caiu sobre a pequena plateia.

Justamente quando o pastor começou a pigarrear para pôr um fim à desanimadora "hora de compartilhar", um jovem afro-americano sentado num banco lateral, separado por diversas fileiras de todos os outros, se levantou.

"Eu tenho uma mensagem", ele disse em uma voz clara e forte que ressoou como um sino. O jovem estava usando uma camiseta verde com três cruzes. Com grande convicção, ele começou a ler a Epístola aos Hebreus 12, começando no versículo 22:

> *Vós, ao contrário, vos aproximastes da montanha de Sião, da cidade do Deus vivo, da Jerusalém celestial, das miríades de anjos, da assembleia festiva dos primeiros inscritos no livro dos céus, e de Deus, juiz universal, e das almas dos justos que chegaram à perfeição.* (v. 22-23)

O homem com as cruzes na camiseta continuou lendo a passagem, com total claridade e um tom retumbante e autoritário. A família de Janet o encarou; eles nunca o haviam visto antes e tinham quase certeza que Janet também não. O pastor e o presbítero começaram a trocar olhares. Depois de trinta anos juntos no ministério, eles podiam quase ler a mente um do outro. *Quem é esse cara? Vamos investigá-lo quando o funeral terminar*. Eles acenaram um para o outro em concordância enquanto a voz do homem ficava ainda mais ressonante e firme e chegava aos últimos versículos do capítulo:

> *Assim, possuindo nós um reino inabalável, dediquemos a Deus um reconhecimento que lhe torne agradável o nosso culto com temor e respeito. Porque nosso Deus é um* fogo devorador. (v. 28-29)

O jovem estava quase gritando quando enunciou as últimas palavras da passagem, "Porque nosso Deus é um fogo devorador". Ele fechou a Bíblia e sentou-se em silêncio, enquanto os membros da congregação, chocados, o encaravam. Seria ele amigo de Janet? Se era, não estava sentado com os poucos colegas do trabalho e outros conhecidos. Diversas pessoas curiosas fizeram uma nota mental para ir atrás do homem misterioso posteriormente, e voltaram sua atenção à frente e ao sermão do pastor.

Mas, quando o velório acabou, e Millie e sua pequena família se retiraram pelo corredor até o vestíbulo da igreja, seguidos pelos outros participantes, o jovem não estava em nenhum lugar. Teria escapado em algum momento durante o sermão do pastor? O presbítero, sentado no palco na frente da igreja, tinha mantido uma atenta vigilância no homem. Ele não o vira sair. De fato, ninguém se lembrava de ter visto o homem sair, embora pelo menos uma dúzia de pessoas tivesse uma visão desimpedida dele pela igreja.

Era estranho; porém, a Madison Square Church situa-se no centro da cidade, e, ao longo dos anos, eles já tinham visto uma porção de visitantes estranhos vindos da rua. Além disso, era preciso confortar a família de Janet e participar do almoço do funeral. A maioria das pessoas esqueceu o assunto momentaneamente, mas não o pastor nem o presbítero.

Ambos sabiam muito bem que aquele desconhecido era diferente de qualquer outro que já haviam recebido em seus anos de ministério. Ele estava claramente sóbrio, arrumado (mesmo que de forma estranha para um funeral), e mantendo total controle sobre seu discurso e dicção. Era como se ele tivesse uma mensagem a transmitir, uma mensagem em nome de outra pessoa.

"Porque nosso Deus é um fogo devorador".

O quão forte e imperiosa tinha sido a sua voz enquanto lia aquelas palavras da Epístola aos Hebreus! O pastor escapou para um recinto silencioso, abriu sua Bíblia em Hebreus, capítulo 12, e releu a passagem que o visitante tinha transmitido de modo tão envolvente. Que mensagem insólita para ser lida num funeral, especialmente no funeral de uma pessoa tão mansa e meiga como Janet! Mas, por algum motivo, o pastor e todos reunidos lá sentiram que, estranhamente, a ardente missiva fora apropriada. A moral parecia ser que, apesar de Janet ter vivido uma vida quieta, quase imperceptível a todos exceto por alguns entes queridos, ela acreditava no Deus do "fogo devorador", e estava com Ele agora no céu. Sua escolha de acreditar nesse Deus tinha sido atrevida e ousada – tudo o que ela parecia não ser – e significava que Janet tinha agora se juntado às "miríades de anjos". Falando em anjos, a suspeita do pastor estava crescendo. Como foi que o presbítero, com seus olhos de águia que nunca perdiam nada, não vira o jovem deixando o santuário? Ou melhor, como *ninguém* lá o vira?

O pastor leu cada palavra da passagem da Epístola com cuidado, rezando por sabedoria para receber a mensagem do modo como Deus desejava. Ele chegou ao ponto em que o jovem tinha interrompido a leitura e, em vez de parar de ler, decidiu continuar, esperando entender o contexto da passagem. Sentiu um arrepio na espinha quando leu a passagem que se seguia àquela que foi lida pelo desconhecido: "Não vos esqueçais da hospitalidade, pela qual alguns, sem o saberem, hospedaram anjos" (Hebreus 13, 1-2).

Embora não haja provas que esse desconhecido tenha sido um anjo (nunca há, por sinal), o pastor sentiu uma onda de gratidão passar por ele. Ele tinha certeza de que ele e o pequeno grupo no funeral haviam recebido um anjo sem saberem. Eles tinham sido claramente relembrados por esse mensageiro divino da santidade absoluta de Deus.

E ninguém que participou do humilde funeral da solitária e desimportante Janet jamais pensou sobre ela do mesmo modo depois disso, nem esqueceu que havia sido visitado por um anjo com uma camiseta verde.

"Meu nome é Otis"

A missão do anjo de Janet era transmitir uma mensagem de Deus, mas algumas das histórias de anjos que as pessoas me contaram envolviam outros propósitos. Assim como Deus usou anjos para fornecer água ao menininho de Agar que estava com sede, pão cozido debaixo da cinza para um Elias faminto enquanto ele se escondia no deserto, e alimento para Jesus após sua tentação, os anjos estão à nossa volta, nos ajudando de formas muito práticas. A história de Jamie contém um anjo habilidoso chamado Otis, que não poderia ser mais pragmático.

Jamie é uma mãe animada e jovem do Texas, e compartilhou três histórias de como acredita que Deus enviou anjos para cuidar dela e salvá-la, assim como a seus entes queridos.

> *Eu era pequena e estava viajando com meus avós para um acampamento, quando tivemos problemas com o carro. Meu avô encostou o* camper *e olhou sob o capô para ver o que estava acontecendo. Um homem parou seu carro e ofereceu ajuda. Ele e vovô olharam sob o capô juntos e trabalharam no motor por bastante tempo, enquanto conversavam. Quando vovô seguiu o homem para pegar algo no porta-malas do carro dele,*

notou equipamentos de pesca e questionou-o sobre isso. O homem disse que ele e seus irmãos eram pescadores. Parecia estranho, porque estávamos longe de qualquer massa de água grande o bastante para pesca comercial.

Minha avó é do Sul, e mulheres sulistas escrevem notas de agradecimento em todas as ocasiões. Ela tentou fazê-lo escrever seu endereço para que ela pudesse enviar-lhe uma nota de agradecimento. O homem recusou com educação. Vovó e vovô ofereceram um pagamento pela ajuda, mas ele não aceitou nada nem deu nenhuma informação.

"Pelo menos nos deixe te levar para comer", pediu meu avô, mas o desconhecido só sorriu e disse que não era necessário, que ele estava feliz por poder ajudá--los. "Meu nome é Otis", ele disse, quando meus avós perguntaram (vovó provavelmente estava torcendo por um sobrenome para poder procurá-lo e enviar aquela nota de agradecimento de qualquer jeito!). Mas ele não deu um sobrenome e eles não quiseram pressioná-lo. Otis nos seguiu em seu carro, saindo bem fora de sua rota, até uma concessionária onde sabia que poderíamos reparar o camper. *Ele acenou para nós enquanto ia embora, e nunca mais o vimos.*

Agentes de resgate

Como o misterioso "quarto homem" que salvou Sidrac, Misac e Abdênago da fornalha ardente em Daniel, capítulo

3, os anjos são enviados para nos resgatar de graves perigos. O rei Nabucodonosor e seu chocado séquito inclusive viram o anjo salvador, que parecia um "filho dos deuses" (v. 25), de pé em meio ao fogo, totalmente despreocupado, com o trio de homens que o rei supunha ter mandado à morte.

Mas, às vezes, não vemos ninguém, pois os anjos que nos salvam do mal são invisíveis, ou talvez só se manifestem em um clarão. Isso ocorreu nas outras histórias de Jamie: uma delas, que aconteceu com uma amiga sua, e a segunda, que a tocou profundamente.

A história de Missy

O pai de uma amiga sempre rezava pela proteção de seus filhos toda vez que eles saíam de casa. Nessa ocasião, rezou para que Missy ficasse segura na estrada antes de uma viagem. Ela dirigia atrás de um caminhão semirreboque, e viu um lampejo de luz. Seu carro subitamente morreu, parando bem no meio da estrada, e ela viu o caminhão, que se afastava dela, desviar loucamente como se um pneu tivesse estourado! Ela sabia que se seu carro não tivesse parado naquele ponto específico na estrada, certamente não teria conseguido evitar colidir com o caminhão. Não havia nada de errado com o carro antes ou depois de morrer, e ele começou a funcionar de novo como se nada tivesse acontecido. Ela acredita que as preces de seu pai foram atendidas e que um anjo a protegeu naquele dia.

A história de Zackary

> *No verão passado, estávamos num torneio de golfe beneficente e nosso filho de um ano, Zackary, foi atropelado por um carro de golfe de mais de trezentos quilos, dirigido por um menino de oito anos sem a supervisão de um adulto. Eu não vi o que aconteceu, pois tinha virado as costas por alguns segundos e estava conversando com alguém. Então ouvi gritos, e, quando me virei, vi meu bebê sob o carro. Meu coração parou, claro. Nunca fiquei tão aterrorizada em minha vida. Alguém ligou para a emergência e um grupo de homens tentou puxá-lo de baixo do carro. Quando finalmente o retiraram, eu o examinei freneticamente, e para o meu profundo alívio, Zackary só tinha alguns leves arranhões no pescoço e na bochecha, e um pequeno arranhão na cabeça. Mais tarde, os socorristas e os médicos não conseguiam acreditar que ele não foi morto e nem mesmo ficou seriamente machucado. Um deles disse que não havia outra explicação a não ser que um anjo tinha se posto entre meu filho e o carro de golfe e o salvado.*

Só para complementar, e porque quero que você termine esse capítulo com seus olhos abertos para a possibilidade de anjos agirem à nossa volta, quero compartilhar mais duas histórias, transmitidas a mim por pessoas maravilhadas com o que tinham experimentado.

A história de Sharon

Minha amiga e eu estávamos numa conferência de trabalho na Filadélfia. Uma noite, fomos jantar na cidade. Não notamos que estava ficando bem tarde e, quando finalmente pagamos a conta e voltamos para nosso carro alugado, o estacionamento estava deserto, exceto por outro carro.

Dois caras estavam de pé ao lado do carro, nos observando atentamente e, me pareceu, de um modo predatório. Eu tive uma sensação ruim sobre eles e aquela situação. Me senti muito vulnerável naquele momento. De repente, cerca de oito homens, usando mantos brancos, se juntaram aos dois caras, e cercaram os dois e o carro deles. Minha amiga e eu pulamos para dentro do nosso carro e trancamos as portas, olhando com espanto enquanto os dois homens saíam com pressa do estacionamento. Um piscar de olhos depois, os homens usando mantos tinham desaparecido.

A história de Gordy

Trabalho de zelador em uma escola cristã, um trabalho no qual sou abençoado por permanecer há anos. As crianças e sua alegria e risadas fazem tudo valer a pena;

elas até tem um "Dia sr. Gordy" todos os anos, quando colocam uma camiseta engraçada como as que eu gosto de usar.

Eu moro perto da escola, e meus vizinhos também sabem que podem contar comigo para consertar as coisas. Um dia, eu estava nos galhos da árvore de um vizinho, tentando ajudá-lo a podar um enorme galho morto antes que caísse e machucasse alguém. A junção dos dois troncos da árvore estava a cerca de seis metros do chão, e o galho, a mais de sete.

Havia uma corda entre meu vizinho e eu (ele estava no chão). Eu lhe disse para me puxar para a esquerda, mas ele puxou para trás, o que me fez perder o apoio e começar a cair.

Enquanto caía, vi uma estaca embaixo de mim e sabia que tinha que evitá-la, caso contrário, seria empalado por ela. Desviei para fugir da estaca, e caí num tablado de cimento entre a calçada e a grama. Minha pélvis entrou em contato direto com o cimento, e eu sabia que a tinha quebrado. Eu levantei e manquei uns dois passos antes de desabar no chão.

Enquanto estava no chão, numa dor horrível, meu primeiro sentimento foi de tristeza, porque sabia que não poderia ir trabalhar por um tempo e eu amo ficar perto daquelas crianças. E então eu vi uma mulher afro-americana com cerca de quarenta anos cruzar a rua e vir até mim. "Rezarei por você", ela disse, ajoelhando-se ao meu lado e pondo suas mãos sobre mim. Ela rezou uma prece muito simples e curta por paz e cura, e então foi embora. Eu nunca a tinha visto antes, e conhecia quase todo mundo no bairro.

Mais tarde, após a reabilitação no hospital e em casa, eu perguntei às pessoas da comunidade e ninguém sabia quem podia ser essa mulher. Eu queria muito agradecê-la. O que me convenceu que ela era um anjo foi o modo pelo qual meu velho corpo sarou. Meu médico me perguntava se eu sentia qualquer dor remanescente, e eu continuava dizendo que não, não sentia. Ele finalmente me disse que quase todas as pessoas com esse tipo de lesão no anel pélvico sofriam de dor crônica depois, e não conseguia acreditar que eu estava bem. Eu realmente acredito que essa mulher era um dos anjos de Deus, intercedendo por mim enquanto eu estava deitado, todo quebrado, na calçada. Essa experiência me ensinou que você tem que ser receptivo ao trabalho de Deus, pois ele ocorre em nosso entorno.

O roçar das asas de um anjo

O anjo de Janet transmitiu uma mensagem de Deus. "Otis" e a mulher afro-americana cuidaram dos filhos de Deus em seus momentos de necessidade. E anjos em missões de resgate salvaram Missy e Zackary de um mal terrível ou mesmo da morte.

Meus dois anjos cuidaram de mim no momento mais crítico, me confortando com sua gentileza e força. Isso precisa ser repetido: eles não tinham asas, mesmo que tenham voado comigo até o céu. Mesmo assim, seres alados têm um papel nessa história, como explicarei em breve.

Na Bíblia, alguns anjos, especialmente os querubins e serafins, são representados como seres alados em diversas passagens, incluindo o Êxodo (25, 20): "Terão esses querubins suas asas estendidas para o alto, e protegerão com elas a tampa, sobre a qual terão a face inclinada". Estes versos em Isaías falam tanto sobre o trono que eu vi no céu como sobre os anjos alados:

> *No ano da morte do rei Ozias, eu vi o Senhor sentado num trono muito elevado; as franjas de seu manto enchiam o templo. Os serafins se mantinham junto dele. Cada um deles tinha seis asas; com um par velavam a face; com outro cobriam os pés; e, com o terceiro, voavam.* (Isaías 6, 1-2)

Querubins, eu descobri, não só têm quatro faces (uma de cada: homem, boi, leão e grifo), mas também quatro asas conjuntas cobertas de olhos. Após a queda, eles guardaram o caminho de volta ao Jardim do Éden e à Árvore da Vida. Eles também assistem o trono de Deus. São Tomás de Aquino tinha uma teoria de que Satã era um querubim caído.

Serafins também servem como zeladores do trono de Deus, continuamente louvando-o. Acho fascinante que seu nome, *seraphim*, signifique "aqueles que queimam". Foi um querubim ou um serafim cujas asas tocaram meus braços, rosto e cabeça quando eu estava em frente ao portão do paraíso? Eu não podia ver as criaturas ao meu redor, mas sentia o bater de suas asas em minha pele. Para ser mais específico, as penas eram macias mas firmes, como aquelas de um pássaro grande, um ganso canadense, um cisne, ou mesmo uma cegonha. A sensação não foi a de um pintinho fofinho, felpudo.

A história de anjos de Peggy também me foi contada após a minha viagem ao céu, e quando a ouvi, imediatamente recordei a sensação daquelas asas de anjos tocando meu corpo.

O toque das asas de um anjo

Peggy, mãe canadense de cinco filhos, era o tipo de mãe que sempre rezava por seus filhos antes de eles irem para a escola todas as manhãs. Um dia, Peggy estava rezando por suas duas garotinhas antes de elas saírem. Assim que terminou de rezar e abriu a porta para deixá-las sair, ela sentiu um rápido e suave farfalhar de asas sobre sua cabeça. Foi como se um grande pássaro tivesse voado por ela, vindo de dentro da casa, atrás das meninas. Mas quando Peggy se voltou para ver o que era, ela não viu nada atrás de si. Mesmo assim, o que quer que tenha sido tinha voado *para fora* da casa e não para dentro. Ela olhou para a calçada onde suas filhas estavam andando até a escola e não viu nada. Nenhum pássaro grande. De repente, ela soube no fundo do coração que o que havia sentido fora um anjo, seguindo suas filhas e vigiando-as a cada passo do percurso.

Não é uma história maravilhosa e reconfortante do cuidado de Deus com seus pequenos?

Angelos

Estou inclinado a acreditar que meus dois visitantes celestiais eram da ordem mais "comum" de anjos, simplesmente *angelos*, ou mensageiros. Eles são os anjos mais preocupados com os assuntos das pessoas na Terra; executam vários trabalhos e assumem todo tipo de missão, incluindo voar comigo até o céu naquela noite incrível.

Como disse, meu voo foi o mais suave possível, uma sensação de planar que eu nunca esquecerei, pois foi diferente de qualquer outro voo em que eu já embarquei na Terra. Voamos inicialmente para cima, por alguns segundos ou mesmo um minuto inteiro. E então, reparei em duas coisas: meus anjos de repente mudaram de rota, guinando para a direita um pouquinho, antes de começarmos nossa descida.

Sim, foi uma descida, definitivamente uma queda e não mais uma subida.

Estou completamente seguro disso. Estávamos descendo, deslizando em um ângulo, quando percebi outra coisa. Olhei para baixo e vi que estava vestido com calças; que em algum lugar em pleno voo, entre esse mundo e o próximo, eu tinha mudado de roupa. Quando os anjos me pegaram, eu estava usando meu camisolão azul do hospital. Em pleno ar, vi que agora usava uma camiseta marrom de golfe, calça cáqui e sapatos, o tipo de coisa que usaria para ir jantar com minha mulher. Mais tarde, quando daria uma olhada em minha querida mãe, avós, genro e amigos, perceberia que eles também estavam vestidos de modo similar ao que faziam enquanto viviam suas vidas na Terra.

Tem outra coisa que quero contar a você sobre o modo como pousei no paraíso. Ruth e eu temos sorte de viver em um condomínio no qual a maioria dos vizinhos são pessoas mais velhas, como nós. Eu gosto de relaxar de vez em quando em uma cadeira de descanso ao lado do lago artificial embaixo das nossas portas, assistindo as aves migratórias que voam em bandos para as margens do lago.

Já vi um milhão de gansos canadenses descendo para aterrissar à beira do lago, suas asas marrom-cinzentas iluminadas enquanto planam suavemente em direção ao chão. Quando eu "atraquei" no portão do céu, senti-me como um desses gansos, suavemente deslizando até o solo.

Assim que meus pés atingiram o chão, meus dois anjos desapareceram e eu não os vi outra vez.

Eu tinha aterrissado em outro reino, no reino dos céus, onde eu veria, ouviria e sentiria coisas além dos meus sonhos mais fantásticos. Durante aqueles segundos sagrados no céu sem nuvens, eu já estava muito feliz.

3 Luzes, cores e uma história de amor

As cores e luzes no paraíso eram simplesmente sublimes. Claro que eram. Você esperaria menos que isso?

Elas eram as cores mais profundas, ricas e gloriosamente exuberantes que eu já tinha visto, e havia algumas que eu nunca tinha visto antes. O paraíso é um sonho tornado realidade para aqueles que amam as coisas coloridas, e nossa casa lá é iluminada pelo Pai das Luzes, que colocou o sol e a lua no céu. Como o apóstolo João disse em sua visão do paraíso: "A cidade não necessita de sol nem de lua para a iluminar, porque a glória de Deus a ilumina, e a sua luz é o Cordeiro" (Apocalipse 21, 23). As luzes que eu vi estavam muito além de descrições como "radiantes" e "luminosas"; eram vislumbres suaves e delicados, mas também robustos, e feixes de luz audaciosos e vigorosos que eram, de algum modo, suaves aos meus olhos.

Eu simplesmente não acho que aquelas cores e luzes existam na Terra. *Mas Marvin*, você pode estar pensando, *isso não me ajuda nem um pouco. Você não pode ser mais descritivo?* Bem, vou tentar o melhor que posso. Eu sei que "indescritível" é uma palavra frustrante, mas juro que se adequa à situação. Mesmo assim, vou tentar transmitir a você as cores que vi no paraíso.

Eu não vi ruas de ouro. Lembre-se, não cheguei muito longe, só até o portão e então dei uma breve espiada lá dentro. Eu gosto de dizer às pessoas que é como se alguém fosse do Nepal, do Congo ou de algum outro lugar e fosse jogado de um helicóptero dentro do Parque Estes, no Colorado, e apanhado pelo mesmo helicóptero vinte minutos depois. Sua impressão seria de que os Estados Unidos são uma grande cadeia de montanhas com picos nevados e irregulares, porque é isso que aconteceu de você ver durante o tempo que passou lá.

Outros viajantes celestiais tiveram visões diversas das minhas, e testemunhas confiáveis chegaram sim a ver ruas de ouro e pessoas com asas (não anjos). Todd Burpo, o precioso garotinho cuja história é contada em *O céu existe mesmo*, até viu um magnífico cavalo com as cores do arco-íris. Eles não estão inventando suas viagens mais do que eu estou inventando a minha; a cada um de nós simplesmente foi dada a breve prévia que Deus queria que tivéssemos.

Porém, eu vi algumas coisas realmente fenomenais. As cores e luzes eram só duas dessas visões.

O verde mais verde e o azul mais azul

Eu vi bebês, crianças e adultos de todas as idades brincando e conversando e rindo na grama que era do verde mais verde que eu já vi. Sou um grande fã de golfe, e gosto de assistir todos os anos ao *crème de la crème* dos torneios de golfe, o Masters Tournament, em Augusta, Georgia. Só pude ver a grama na qual os melhores golfistas do mundo jogam pela televisão de alta definição, mas aquele carpete impecável cor de esmeralda é a superfície mais verde que eu já vi em minha vida. Um conhecido teve o privilégio de assistir o Masters Tournament, e sua mulher caçoou dele porque voltou para casa com várias fotos da grama. "Olha esse gramado", ele disse, todo animado, enquanto ela virava um pouco os olhos. "Veja como é perfeito, como é incrivelmente verde". Imagine a grama verdejante e esplêndida do Masters e então tente imaginar uma grama mais verde e muito mais luxuosa. É esse o verde da grama no paraíso.

O céu através do qual eu voei para o paraíso e o firmamento que o cercava eram do azul mais puro e mais azul que você pode imaginar. A atmosfera estava embebida em cor e luz, e o azul era, mais uma vez, muito melhor que qualquer tonalidade de que podemos nos vangloriar aqui embaixo.

O tom mais próximo ao qual eu posso associar esse azul sobrenatural são os tons surreais da água no

Caribe ou na costa do Havaí ao pôr do sol. É um azul com o qual ficar maravilhado, que deve ser apreciado e admirado com todo o coração. Imagine um oceano ou uma baía tropical em seu ponto mais azul, e então pense sobre o fato de que um azul incomparável a essa cor está esperando você e eu do outro lado. E se azul é sua cor preferida, você tem sorte. Pelo que eu vi, é a segunda cor mais prevalescente no céu. (Você consegue adivinhar a primeira? Fique ligado.)

O negócio sobre as cores no céu é que todas elas são perpassadas por uma claridade, um brilho que parece incorporar os raios do sol, os feixes de luz da lua, as centelhas de um fogo e a cintilação de uma estrela, misturados por um diretor de iluminação e salpicados sobre o dossel que iremos passar a eternidade observando.

Como esse Mestre ama acrescentar brilho e calor em nossos caminhos escuros com prévias da claridade que está por vir!

A luz da minha vida

Era 1956, um ano bissexto; foi o ano em que dei um salto de fé e amor que iria melhorar incrivelmente minha vida naquele abençoado dia de junho quando pus os olhos em Ruth, a luz da minha vida.

Elvis Presley tinha acabado de fazer sucesso nas rádios com "Hound Dog", Rodgers e Hammerstein lançaram *O rei e eu* nos cinemas, e a General Electric introduziu um fantástico dispositivo chamado Snooz-Alarm, o primeiro despertador em que você podia bater repetidamente até finalmente acordar.

Eu tinha 21 anos, recém saído da Calvin College em Grand Rapids, onde me formara com um diploma em economia e negócios. Era um verão de infinitas possibilidades, pois eu estava cortejando garotas, algumas vezes de modo adequado e outras com todo o charme de um desastre ambulante. As garotas me confundiam e consternavam; sendo o mais velho de três meninos, eu não tinha o mínimo entendimento de seus hábitos misteriosos.

Naquele dia de verão, quando fui num encontro arranjado com uma estudante de enfermaria chamada Ruth, não estava esperando que meu mundo virasse de ponta--cabeça. Eu só achei que íamos comer uma pizza grudenta na pizzaria Fricano, e que eu talvez teria a chance de flertar um pouco com uma garota bonita.

Eu a achei linda. (Ainda acho.) Não me lembro como estava a pizza naquela noite, mas nunca esquecerei aqueles brilhantes olhos azuis e sua maturidade tranquila. Pensei que ela era uma das mulheres mais interessantes com quem eu já havia conversado. Ainda penso isso, depois de todos esses anos.

Porém, o mural de recrutamento estava me mandando maus agouros. Ruth diz que eu demorei um mês para ligar para ela, e acho que foram na verdade uns dois. Não foi falta de interesse, mas eu era imaturo e não sabia para onde ia minha vida. Mesmo assim, um ou dois meses depois, eu liguei para ela, e pronto. Não houve mais ninguém para mim depois de Ruth a partir daquele dia. Então, eu parti para a formação de base com suas palavras amorosas. No fundo, eu sabia que era a primeira vez que uma mulher me oferecia palavras como aquelas de modo tão sincero.

Nós trocamos cartas, e essas cartas alegraram meus dias durante o treinamento. Ela era uma enfermeira jovem, apenas começando, e seu trabalho acarretava muitas questões sérias, assuntos de vida e morte. Ruth abria o coração comigo naquelas cartas, e eu tentava fazer o mesmo nas minhas. Uma vez que você põe no papel, não pode mais se retratar. Eu fico muito feliz por termos colocado no papel nossos sentimentos um pelo outro, e conseguido nos conhecer de modo tão completo, enquanto o correio voava de Grand Rapids a Colorado Springs, onde eu estava, e de volta.

Quando voltei para casa, de licença, passamos cada minuto livre juntos. Ruth foi morar com seus pais para economizar dinheiro e, um dia, pouco tempo depois de eu ter voltado do Colorado, meu pai a levou à joalheria para escolher o seu anel de noivado. Na sua próxima visita ao Colorado, ela teve uma visão deprimente: seu valente namorado do exército deitado, debilitado, numa cama de hospital, com olhos vermelhos e inchados e uma tosse seca. Pelo menos eu estava segurando um anel de diamante – pelo menos tinha isso a meu favor.

Eu estava tão doente com pneumonia que não consegui nem sair da cama para me ajoelhar e pedi-la em casamento.

Pedi mesmo assim, e ela ficou com pena de mim e disse sim. Ela disse sim! Naquele momento, mesmo doente daquele jeito, eu senti minha alma se encher de claridade.

Dança dos espíritos

O paraíso me entusiasmava com seus verdes e azuis, mas a cor primária parecia ser o branco. Branco! Não estou falando do famoso túnel com a luz branca. Eu nunca vi um túnel como esse, embora outros o tenham visto, então estou mantendo a mente aberta.

O branco é uma das minhas cores preferidas – branco e vermelho. Nós nunca tivemos um carro que não fosse branco ou vermelho.

O branco no céu – perdoe-me! – não era comparável a mais nada. De um branco brilhante a uma rocha opala a uma cor de lua ou copo de leite, os tons de branco agrupavam-se no céu como um enorme buquê de noiva, branco sobre branco sobre branco, porém todos os matizes e tonalidades eram distintos, incluindo alguns brancos que Deus está reservando para vermos na glória. A grande variedade de brancos incluía brancos mais brilhantes e brancos mais suaves – e eles eram todos deslumbrantes.

Há três referências na Terra que posso usar para comparar as variações de cor e tons no paraíso. O exemplo mais prático é o redemoinho açucarado de um algodão-doce que você pode comer no circo ou numa feira. Assim como no algodão-doce há muitas cores diferentes torcidas, as cores no céu iam se moldando, de brancos a azuis e vermelhos e roxos e verdes. As cores múltiplas mudavam, se deslocavam e se movimentavam constantemente, girando, torcendo e flutuando.

As muitas variedades reluzentes de branco eram, como toda cor celestial, infundidas por uma luz brilhante. Agora nós "vemos por um espelho, confusamente" (Coríntios 13, 12), e parafusamos uma lâmpada à parede para podermos ler o jornal, passar nossas roupas e pagar as contas. As luzes no céu não estão presas a nenhuma parede. Elas estão constantemente se movimentando e mudando de forma de um modo que me deslumbrou e fascinou. A comparação mais próxima que posso fazer para descrever como era aquele show de luzes é provavelmente a aurora boreal.

Cerca de dez anos atrás, Ruth e eu voamos para Anchorage, onde alugamos uma *motor home* e passeamos pelo grande estado do Alasca por algumas semanas. Mais de uma vez, nossas bocas do Meio-Oeste ficaram abertas enquanto admirávamos o espetáculo e magnificência da aurora boreal.

Os indígenas Cree chamavam essas luzes de "dança dos espíritos", pois elas fazem passos de dança nos céus polares, saltando e rodopiando em padrões vermelhos, verdes, roxos, azuis e rosas. E que lugar é mais cheio de espíritos – espíritos reais – do que o paraíso?

Lá, as cores iluminadas se juntam, se separam, se circulam... elas pulam, giram, rodopiam e pulsam, quase como uma dança, como a aurora boreal. Por outro lado, se eu comparar o show de luzes no Alasca ao show de luzes no paraíso... bem, o primeiro não chega nem perto.

A resposta é não

Ruth respondeu sim à primeira questão e não à segunda. Estávamos a algumas semanas do casamento quando eu recebi ordens de embarcar para a Alemanha por dois anos. Bom, isso acabou com os meus planos. O cara encontra a garota perfeita com quem se casar e então chega o exército e tudo fica adiado.

Eu sabia que a Ruth não ia ficar feliz com essa notícia. A data estava marcada, ela tinha costurado seu vestido, e o bolo tinha sido encomendado. Ela e minha mãe já tinham enfiado uns duzentos convites impressos em envelopes, os tinham lambido, fechado e colocado na caixa de correio. Eu não sabia muito sobre mulheres, mas sabia que a notícia ia cair tão bem quanto o Hindenburg[2]. Mesmo assim, o que são dois anos quando um homem e uma mulher estão apaixonados?

Nervoso, disquei o número de Ruth num telefone público na base no Colorado.

– Você vai me esperar por dois anos – eu disse, hesitante – até que eu retorne da Alemanha?

– Não – ela respondeu, seca. Eu literalmente deixei cair o telefone de tão chocado.

2 Hindenburg é o nome do gigantesco dirigível alemão que caiu em Nova Jersey, EUA, em 1937. (N.T.)

Não? Não era essa a resposta que eu esperava. Mas acontece que Ruth estava dizendo não à espera de dois anos, não a mim. O exército, num momento de bondade, permitiu que eu voltasse a Grand Rapids para me casar antes de ser enviado à Alemanha. Eu tinha sido recentemente promovido a intendente da companhia após quinze semanas de treinamento como soldado da infantaria.

Nós ligamos para cada um dos convidados do casamento e dissemos que ele tinha sido antecipado. Em 9 de julho de 1957, Ruth se tornou minha esposa e tem estado comigo durante todas as etapas do caminho, na alegria e na tristeza, na riqueza e na pobreza, na saúde e na doença – e, literalmente, no céu e na Terra.

A lua de mel foi breve e desajeitada, os erros escondidos por trás de uma fachada de desejo esperançoso.

E então, mais rápido do que dizer "gesundheit", estávamos de malas prontas e a caminho da Alemanha. Éramos jovens e cheios de promessas para o que estava por vir. Eu estava casado com alguém em quem via montanhas para escalar, vales para explorar, e novas maravilhas chamando à distância.

E juntos, há mais de meio século, escalamos mais montanhas do que eu consigo contar, mas primeiro tivemos que tropeçar em alguns montinhos. Quase me envergonho em contar o que me fazia perder a cabeça em relação ao comportamento de Ruth naquele primeiro mês. Veja só, eu descobri de repente, para o meu horror, que a linda criatura com quem tinha casado tinha um hábito horrendo: ela apertava a pasta de dente no meio do tubo em vez de cuidadosamente pressioná-la a partir do fim!

E ela tinha uma nova sogra que mimava seus três meninos de modo inacreditável. Então foi novidade pra mim quando descobri que Ruth não ia passar minhas camisas e cuecas como minha mãe sempre tinha feito.

– Sinto muito – ela disse, num tom que indicava que não sentia nem um pouco. – Mas eu não faço isso.

Bem, não tinha jeito. Ou eu passava minhas próprias cuecas ou as usava amassadas.

Nós ajeitamos nossas vidas em Heidelberg e fizemos alguns amigos na pequena igreja da base. Logo depois de chegarmos, fui promovido a intendente-chefe do exército dos Estados Unidos na Europa, o que significava que era responsável pelo paradeiro de 30 mil soldados. Um deles, por acaso, era o soldado raso Elvis Aaron Presley, que esteve na Alemanha durante minha estada lá. Esses homens e mulheres estavam em campo ou não? Tinham tirado licença por doença? Nosso maior temor no momento era que a Rússia atirasse a bomba atômica, e eu levava minhas responsabilidades muito a sério.

Obviamente, eu me levava muito a sério também, se eu ia me pôr em armas por causa do tubo de pasta de dente (e de cuecas passadas). Nossa maior briga de recém-casados foi sobre piqueniques no sabá. Hoje, eu faço um piquenique num domingo tranquilamente, mas, na época, tendo acabado de sair da casa da muito holandesa e muito reformada Marjorie Besteman, eu tinha algumas objeções. Minha noiva simplesmente não entendia o que havia de errado em colocar um cobertor sobre a grama verde e comer ovos mimosa e limonada no Dia do Senhor. O Senhor não tinha feito a grama verde, os ovos e a limonada para a nossa apreciação? Na verdade, o que ela disse foi: "Essa é a coisa mais estúpida que eu já ouvi na vida".

Após um pouco de "negociação", eu cedi ao seu modo de pensar em questões de cumprimento do sabá, e percebi que se alguém ia passar minhas cuecas, teria de ser eu. E a pasta de dente? Desisti completamente e comecei a apertar o tubo no meio, assim como minha querida.

Então você pode perceber que foi uma grande tarefa que Ruth assumiu quando entrou na igreja para pegar minha mão e ouviu o padre dizer "Estamos reunidos para celebrar o casamento deste homem e desta mulher". Não demorou muito depois disso até ela descobrir que tinha muito trabalho a fazer. Ah, mas eu amo o fogo em seus olhos quando ela está prestes a reclamar sobre algo. A vida é feita em parte para nos divertirmos, e parte da diversão é resolver os problemas, lidar com as diferenças e se esforçar para atingir um encontro de mentes.

Faíscas podem realmente voar quando um homem e uma mulher americanos enérgicos e apaixonados discutem sobre algo importante para eles. Você pode até chamar essas faíscas de fogos de artifício – vistosas, audaciosas e coloridas, com muito vigor e intensidade.

Fogos de artifício no firmamento

Um dos meus feriados preferidos é o Dia da Independência dos Estados Unidos, quando os hambúrgueres estão chiando nas grelhas, as bandeiras vermelhas, brancas e azuis, ondulando no Byron Center (Michigan), e os fogos de artifício, explodindo no céu escuro. Já contei a você como as luzes no céu eram quase como a aurora boreal, mas fogos de artifício são outra referência que posso usar.

Luzes explodiam e estalavam (mas não faziam você querer enfiar os dedos no ouvido como aqui embaixo), decorando o paraíso com formas como bolos, aranhas, peônias e, claro, formas e criações que não são deste mundo.

Todas os tons de cores que você consegue imaginar – roxo, vermelho, azul, prateado, verde, branco – se entrelaçavam umas às outras em sequências brilhantes. Eu estava paralisado no meu lugar na fila para o portão, mas se pudesse desviar o olhar, olharia para cima e veria um arranjo diferente.

Quem acha que vai ficar entediado no paraíso, recostado numa nuvem de marshmallow em um mundo de cores pastéis com harpas e bebês flutuantes, está redondamente enganado.

Só o show de luzes já foi completamente cativante. Às vezes, uma bola de cor gigante, num movimento constante, porém estável, com tonalidades lentamente entrelaçando-se umas às outras, explodia logo acima de mim, um pouco como fogos de artifício, um pouco como o Dia da Independência.

Mas, mais uma vez, se eu comparar os fogos em Michigan aos fogos no paraíso... eles não chegam nem perto.

Um jarro de vaga-lumes para a viagem

Ruth e eu eventualmente aprendemos a separar o que realmente importava daquilo que não tinha importância nenhuma, como tubos de pasta de dente e quem passaria qual peça de roupa.

A paternidade veio cedo para mim, e meus filhos e netos se tornaram a luz da minha vida.

Enquanto ainda estávamos em Heidelberg, Ruth ficou grávida da nossa primeira filha, Julie. Nossos anfitriões alemães se acabaram de chorar quando dissemos que tínhamos de voltar aos Estados Unidos. Eles se afeiçoaram tanto a nós como nós a eles, apesar da barreira da linguagem. Nós adoramos nossa estada lá, mas, naquela época, o tempo de serviço militar era de dois anos, e o meu tinha acabado. Fizemos as malas outra vez e voltamos aos EUA.

A primeira vez que eu segurei minha filhinha, Julie, em meus braços, estava irrompendo de amor e orgulho. Ela parecia leve a ponto de poder flutuar. Felizmente, consegui não derrubá-la. Deus nos abençoou com outra filha, Amy, cinco anos depois, e então um filho, Mark, cinco anos mais tarde.

Eu aproveitei cada momento passado com meus filhos, vendo-os crescer e assistindo a suas mentes e corpos se expandirem. Lembro as horas passadas com eles quando eram pequenos. Lembro do suor em suas bochechas quando os beijava. Os primeiros dias de escola, as primeiras obras de arte, o jeito que tocavam a flauta, a trombeta e a corneta – todos esses muitos episódios alegraram meus olhos e minha vida. Não mudaria nem um segundo de todos os anos que passei amando meus filhos. Eles animaram minha alma durante alguns dias muito sombrios e desafiadores.

Um dos períodos mais sombrios em minha vida foi quando nosso filho, William John, morreu após somente dez horas de vida. Contarei sobre William e todos os bebês que vi no paraíso mais tarde na minha história. Por enquanto, direi apenas que todos que perderam um filho sabem que nosso coração ficou em pedaços quando William morreu.

Ruth e eu aprendemos a lidar com a adversidade do mesmo modo como todos aprendem: passando por ela. Ambos decidimos que as coisas difíceis iriam fortalecer ao invés de quebrar a nossa união. Por que motivo a vida é tão sombria, às vezes nós não sabemos, mas sabemos isto: o que acontece não é tão importante quanto o que fazemos com o que acontece.

Como marido e pai, eu tive muito a aprender sobre casamento, paternidade, amor e o que realmente importa.

Então se passou muito tempo e distância desde aquele momento até hoje. Tivemos momentos de grande alegria e profunda tristeza, mas Ruth sempre foi o meu farol, iluminando tanto os trechos escuros como os luminosos com seu amor e sabedoria.

Em Ruth, Deus Pai deu-me um jarro de vaga-lumes para a viagem de acampamento da minha vida.

"Aqui está, meu filho" eu o imagino dizendo, me passando o jarro brilhante. "Vai ficar escuro e assustador às vezes. Eu estarei sempre aqui, iluminando seu caminho, mas aqui está um presente para você, só porque eu o amo."

Hoje, após 54 anos de casamento, sinto mais profundamente do que nunca a emoção que me causa sua presença. Quando a encontro inesperadamente numa multidão, é como se uma canção alegre surgisse de algum lugar dentro de mim. Quando trocamos olhares em público, é como se ela estivesse com uma placa com as exatas palavras de inspiração que eu preciso naquele momento. Quando vou para casa à noite, preciso ficar atento ao pedal, para não pisar muito forte no acelerador ao me aproximar da casa onde ela espera por mim. Eu ainda considero a maior alegria do dia o momento em que ela vem correndo de onde quer que esteja para me receber na porta com um beijo. Você pode perguntar: seriam essas as reflexões piegas de um velho? Não posso negar.

Quando observo a estrada à nossa frente, vejo um homem e uma mulher idosos andando rumo ao horizonte de mãos dadas. Sei, no meu coração, que o fim será bem melhor do que o começo.

Aquecendo-se para sempre

Após minha viagem ao céu, Ruth me perguntou se eu pensei sobre ela durante meu tempo lá. Teria eu pensado sobre nossos filhos, nossos netos? Como sempre acontece com Ruth, ela não colocou a questão de modo defensivo ou inseguro. Ela perguntou por pura curiosidade.

E a resposta é não, não pensei em nenhum dos meus entes queridos, por mais que eu os adore. Inclusive, se Pedro, por meio de Deus, tivesse me dado a escolha de voltar para Ruth, Julie, Amy e Mark, na Terra, ou ficar no céu, não há dúvida de que eu teria escolhido ficar no paraíso.

Eu teria escolhido ficar naquele lugar deslumbrante, com luzes que dançavam e fogos de artifício coloridos explodindo, aproveitando cada vislumbre, raio, textura e tom.

Claro, não é só pelas luzes e cores que vale a pena ficar lá. É *Ele*. Ele é o sol, a lua, as estrelas – tudo. Um dia o Filho vai retornar e nós seremos pessoas melhores. Nada vai nos separar uns dos outros e dele. Juntos, Ruth e eu e aqueles que amamos vamos nos aquecer sob sua luz gloriosa para sempre.

4 No portão do paraíso

Eu tinha sido deixado por anjos no portão do paraíso. Se você está imaginando que no meu lugar estaria nervoso ou assustado, não se preocupe! Sua experiência será exatamente o oposto. Eu me sentia destemido e encantado. Não senti nenhum nervosismo, apesar de ter sido deixado, literalmente, em outro reino. Se eu sentia algo, era serenidade e calma; estava mais em paz e à vontade que no meu dia mais relaxante na Terra.

Imediatamente, vi uma porta enorme, com vários andares de altura, ligada ao portão, e um muro sem fim que envolvia o reino nas duas direções. Era a maior porta que eu já tinha visto, para não dizer o maior muro e o maior portão, e por aí vai.

Os veios da madeira do portal eram ainda mais escuros que os de carvalho ou seixo. Se fosse para comparar a alguma madeira na Terra, diria que era um rico mogno. Havia um desenho simples entalhado nela, nada elaborado, mas bonito mesmo assim, do jeito que somente a madeira entalhada consegue ser. Luzes brilhantes saltavam e dançavam sobre toda a largura e altura do portal.

Eu diria que ele era perolado? Se ganhasse um dólar cada vez que alguém me pergunta isso, compraria um novo taco de golfe. Bem, não; na verdade, o portão não era perolado, mas memorize esse ponto, voltaremos a ele depois.

A porta não havia um cume, pelo menos não um que eu pudesse ver. Parecia ascender cerca de seis a nove metros até uma nuvem e então desaparecia.

Como eu sabia que era uma porta e não um muro? Outra boa questão. Em primeiro lugar, descobri que muitas vezes eu simplesmente sabia das coisas no céu sem que ninguém me informasse, e tenho certeza que todos que foram para lá sentiram a mesma coisa. Não havia um guia turístico apontando os destaques e lugares famosos ou contando curiosidades sobre as vistas e sons. Não havia um anjo estacionado na frente com um crachá de "Informações" afixado em seu manto como se estivéssemos em uma grande convenção de banqueiros no céu. Você simplesmente sabe o que sabe quando você está lá, e eu sabia que aquilo era uma entrada. Além disso, uma seção desse portal imenso tinha uma maçaneta, uma velha maçaneta de madeira como algo que você encontraria numa carroça antiga. Parecia sólida, com cerca de setenta centímetros de comprimento e quinze de largura.

Viajantes celestiais

Havia provavelmente umas 35 pessoas à minha frente em uma grande fila (não era como se houvesse anjos ou porteiros celestiais, gritando "Caixa livre!" – o portão não era um tipo de supermercado). Eu sabia, sem que me dissessem, que estava no paraíso, assim como todos os outros. Você simplesmente sabe onde está. Ninguém estava perguntando ao vizinho "Onde estou? Estou perdido?".

Dava para ver pelas expressões em seus rostos que eles sabiam onde estavam. Todos sorriam. Ninguém parecia chocado, nem estarrecido. Todos tinham uma expressão de profundo e total contentamento. Talvez seja por isso que ninguém disse nada a nenhum dos outros. Estávamos todos em um sonho de paz, alegria e perfeita felicidade.

O sorriso no rosto de todos parecia dizer "Chegamos! Finalmente, finalmente chegamos!". Estávamos finalmente em casa, e todos sabíamos disso.

Byron Center, em Michigan, é uma cidade inteiramente homogênea, infelizmente. Eu digo infelizmente porque gosto da riqueza de uma cultura diversificada. Eu amo viajar e aprender sobre outros países, povos e suas comidas e tradições. Em Byron Center, todos têm o mesmo tom de pele pálido. Eu sou um entre inúmeros holandeses de certa idade e maturidade. Para falar a verdade, não dá pra atirar uma bola de golfe sem atingir um velho cidadão holandês na cabeça.

O paraíso era muito diferente. Mesmo a curta fila de pouco mais de trinta pessoas era um caldeirão de cores, culturas e costumes. Eu estava usando meu "uniforme" normal, uma camisa de golfe e calças cáqui, exatamente o tipo de roupa que usaria no dia a dia. As pessoas sorridentes naquela fila eram de todas as partes do mundo e usavam todo tipo de roupas. Vi muitas nacionalidades diferentes representadas, incluindo escandinavos, asiáticos, africanos e pessoas do Oriente Médio. Como eu sabia que aquelas pessoas eram escandinavas? (Sabia que você ia perguntar.) Elas pareciam nórdicas para mim, com as clássicas maçãs do rosto e maxilares escandinavos. Mas, para ser honesto, essa era uma das coisas que eu simplesmente sabia.

Algumas das pessoas que eu vi pareciam pertencer a tribos africanas primitivas; usavam mantos tribais soltos e folgados e trajes parecidos com togas, com sandálias nos pés.

O homem à minha frente na fila parecia ser do Oriente Médio. Vários anos depois, numa viagem para a Turquia, minha suspeita de que meu colega viajante ao portão do céu era daquela região do mundo foi confirmada. Esse homem tinha sessenta e poucos anos, ou talvez cinquenta e poucos. Usava um cafetã marrom e folgado e parecia que tinha dormido no chão. Talvez fosse um pastor, ou algum tipo de fazendeiro de subsistência; ele estava definitivamente vestido como um antigo camponês, e não como um habitante moderno nas ruas de Istambul. Suas calças eram soltas também, e ele usava um tipo de adorno ou chapéu na cabeça.

A maioria das pessoas na fila tinha a minha idade ou era mais velha – como deve ser, aliás. Acredite se quiser, algumas eram até mesmo bem mais velhas do que eu. A maior parte dos homens na fila tinha cerca de cinquenta a setenta anos de idade, e a maioria das mulheres, entre setenta e noventa.

Havia três crianças na fila, cada uma com cerca de quatro ou cinco anos de idade. Esses pequenos não estavam parados, mas circulando, se remexendo em seus lugares na fila, como fazem as crianças. Todas tinham grandes sorrisos nos rostos.

É terrivelmente triste, eu sei, pensar sobre a morte de crianças, e claro que essas crianças preciosas tinham morrido ou não estariam naquela fila. Seus entes queridos estavam sofrendo a terrível perda de um filho – talvez a perda mais profunda e dolorosa que qualquer um pode experimentar. Eu gostaria de não saber o quão horrível ela é, mas sei. Então o que estou prestes a dizer é dito por alguém que sentiu essa perda terrível de um filho. Eu não conto essa parte de modo leviano. Mas juro, meu caro amigo, que aquelas crianças estavam encantadas por estar naquele lugar. Seus olhos brilhavam com vida e prazer, assim como todos os que esperavam sua vez de passar pelo grande portal.

O mistério do bebê indiano

Muito em breve eu veria muitos, muitos bebês no paraíso, logo depois do portão, mas enquanto estava na fila notei só um. Ele era indiano, e do tamanho que teria um bebê em seu primeiro dia de vida.

Esse bebê, ou melhor, as pessoas que o cercavam, eram e continuam a ser certo mistério para mim. Acontece que um homem que parecia ter uns cinquenta anos estava segurando o bebê, mas eu tive a impressão de que ele não era o pai da criança. Na verdade, senti uma forte intuição que ele estava carregando o menininho para outra pessoa na fila, uma mulher à sua frente. Os três eram indianos, mas, além disso, pareciam se conhecer. A jovem, uma mulher bonita de uns 25 anos, estava de pé bem próxima ao homem e ao bebê, e, toda vez que eu olhava para ela, ela estava virada com as costas para o portão, e mantendo um contato visual intenso com o bebê, como se não quisesse tirar seus olhos dele nem por um segundo.

O mistério é duplo. Como eu disse, tive a sensação de que o homem não era o pai da criança. Ele não parecia nem um pouco paternal; aliás, não parecia muito confortável segurando o bebê. Em algumas culturas, os homens raramente seguram bebês, mesmo os seus, mas havia algo mais: senti instintivamente que ele não era parente do bebê, ou pelo menos que não era o seu pai.

Para começar, o homem segurava o pequenino com cautela em vez de ternura, como se estivesse com medo de derrubá-lo. Quem era esse homem e qual sua relação com o bebê e a jovem mulher, que eu tinha certeza que era a mãe da criança? Parecia que os três tinham morrido juntos, mas suponho que é possível que tenham morrido separadamente. Algumas pessoas que ouviram minha história têm suas teorias, de que o homem talvez fosse o pai da mulher e o avô da criança. Ou talvez fosse o taxista deles, e todos tenham morrido no mesmo acidente. Não sei. Mas sinto que a jovem tinha acabado de dar à luz a criança.

A segunda parte do mistério era: por que essa jovem precisou que outra pessoa segurasse seu bebê para ela? As fragilidades, doenças e vulnerabilidades de uma pessoa sumiam no instante em que seus pés tocavam o solo sagrado do paraíso, então, mesmo que estivesse se recuperando de um parto difícil, ela estaria forte e saudável no momento da morte. Mas eu senti em meu espírito que ela tinha acabado de parir e era incapaz, por algum motivo, de segurar seu bebê.

Eu sei que eu tinha um corpo renovado lá. Era uma sensação ótima. Eu estava com uma dor terrível na minha cama de hospital em Ann Arbor: nunca mais queria ficar tão fraco e desconfortável. Na fila para o portão, eu não sentia nenhuma fraqueza. Na verdade, me sentia como um adolescente outra vez, vigoroso, muito desperto e alerta, forte e saudável como um cavalo. Marv Besteman tinha sido restaurado completamente. Eu estava melhor do que nunca, para dizer a verdade, melhor do que quando era um jovem forte jogando hóquei por um curto período pela Universidade de Michigan.

Sério, era incrível o quão fantástico eu me sentia! Quando Deus nos diz que vai renovar e reviver nossos corpos, Ele não está de brincadeira. Mesmo depois, quando eu vi tantas pessoas louvando a Deus além do portão, não vi ninguém com muletas ou corpos debilitados, sem braços ou pernas. Não vi ninguém com síndrome de Down, ou qualquer tipo de necessidades especiais. Quando você chega lá, você se sente fenomenal!

Isso faz o fato de a jovem precisar de outra pessoa para segurar seu filho difícil de entender. Porém, Deus sabe exatamente o que está acontecendo naquela fila e as circunstâncias de cada um de seus amados filhos que esperam sua vez de passar por aquela imensa entrada. Ele sabe, e me deixará a par quando eu voltar da próxima vez.

De qualquer modo, eu estava bastante ocupado com os arredores enquanto permaneci na fila. Além da música sendo cantada e tocada (que era o som mais agradável que eu já ouvira na minha vida), estava acontecendo na grande copa azul acima de mim o mais incrível show de laser que eu já tinha visto.

A magnitude do céu e ao meu redor! Eu não conseguia absorver tudo. As cores eram suntuosas e profundamente belas. E as luzes? Eram como 10 mil fogos de artifício silenciosos, todos estourando no mesmo instante. Havia tanto movimento e variedade nas luzes que eu fiquei encantado do momento em que pisei no paraíso ao instante em que cheguei à entrada com Pedro.

Como você pode imaginar, eu não estava prestando muita atenção às pessoas na fila. A maior parte do tempo, olhava ao redor, tentando observar todas as visões maravilhosas daquele lugar incrível. Quando olhei de novo para as pessoas à minha frente, percebi que a jovem indiana que estivera observando o bebê tão intensamente estava à frente da fila, esperando sua vez de entrar. Os três estavam a cerca de quatro ou cinco pessoas à minha frente. O homem que estivera segurando o bebê estava atrás dela, e notei com surpresa que o bebê tinha sumido. Ele tinha claramente entrado primeiro. Como? Não sei – não estava olhando! Logicamente, suponho que o homem entregou o bebê a Pedro, mas não sei o que realmente aconteceu.

E então tive a sensação, confirmada depois, quando vi tantos bebês além do portão, de que ninguém teve de segurar o bebê; ele teria flutuado para dentro sozinho. Sim, de verdade. O que foi que Dorothy disse ao seu cachorro em *O Mágico de Oz*? "Totó, acho que não estamos mais no Kansas."

Eu e as outras 35 pessoas na fila estávamos em outro mundo, e as leis da gravidade e o que as pessoas poderiam em teoria fazer numa certa idade simplesmente sumiram bem no momento em que perdemos tração com essa Terra verde de Deus. A mãe do bebê era a próxima a entrar no portão, seguida pelo homem mais velho.

A fila andava rápido. Mas mesmo se não andasse, as pessoas não estavam revirando os olhos e batendo nos relógios impacientemente, dizendo "Vamos lá? Tenho um jogo de golfe em vinte minutos". Como eu, os outros estavam cativados com todos os detalhes de seu novo mundo, totalmente engajados, fascinados e relaxados.

Os intervalos entre a abertura e o fechamento da porta gigante variavam, mas as pessoas à minha frente não demoraram. Era de trinta segundos a um minuto o período entre uma pessoa passar pela porta e ela abrir de novo para receber outro recém-chegado. (Certamente, eu passei o maior tempo com o guardião do portão, porque era um caso especial. Mas contarei sobre essa conversa mais tarde.)

À medida que a fila andava, o portão ficava cada vez mais próximo. Logo, eu seria o primeiro na fila para entrar no paraíso.

Portões perolados?

Os portões do paraíso têm cativado a imaginação das pessoas desde os primórdios da Igreja, quando os fiéis liam sobre a visão de João em pergaminhos – antigos para nós, mas novos para eles. Ao longo dos séculos, os portões foram objeto de inúmeras discussões e, mais tarde, de livros, filmes, canções e até piadas. Me surpreende quantas pessoas, inclusive fiéis, se perguntam se conseguirão passar pelos "portões perolados" e ser admitidos no paraíso. Como são os portões? Quem é o seu guardião? Pedro? E quem pode atravessar essas portas majestosas?

Só posso relatar o que e quem eu vi durante meu tempo lá. Como sempre, o melhor lugar para encontrar respostas é a Bíblia.

João escreveu sobre os portões depois de experimentar uma visão do paraíso quando estava aprisionado em Patmos, uma ilha grega. Os estudiosos da Bíblia nos dizem que ele teve essa visão em cerca de 96 d.C., mais de meio século depois de seu melhor amigo e Salvador ter sido crucificado e ter ressuscitado dos mortos. O registro escrito dessa turnê sobrenatural, assim como quinze outras visões, compõem o emocionante livro do Apocalipse. Não é interessante que esse último livro das Escrituras nos deixa com uma prévia de nosso futuro lar? Nós fomos feitos para o paraíso, e a visão de João dá a todos uma imagem mental na qual depositar nossas esperanças.

Os primeiros detalhes que temos dos portões do céu estão nas próprias palavras de João, ao fim do livro, em Apocalipse (21, 10-14):

> *Levou-me em espírito a um grande e alto monte e mostrou-me a Cidade Santa, Jerusalém, que descia do céu, de junto de Deus, revestida da glória de Deus. Assemelhava-se seu esplendor a uma pedra muito preciosa, tal como o jaspe cristalino. Tinha grande e alta muralha com doze portas, guardadas por doze anjos. Nas portas estavam gravados os nomes das doze tribos dos filhos de Israel. Ao Oriente havia três portas, ao setentrião três portas, ao sul três portas e ao ocidente três portas.*

Acredito que eu estava em uma dessas portas, uma de três na muralha de uma fortificação de quatro lados, em forma de um cubo, que cercava a cidade brilhante chamada "a divina Jerusalém".

João viu quatro lados e doze portões, mas eu não faço ideia de em qual deles eu estava, ou a qual direção estávamos de frente. Se o "meu" portão estava inscrito com o nome de Dã, Rúben, Levi ou de uma das outras tribos, eu não reconheci os entalhes como escrita.

Além disso, essa passagem diz que cada portão é assistido por um anjo, e eu vi Pedro, não um anjo.

E os portões que vi não eram perolados. Isso mesmo – não eram perolados!

De onde vem essa crença de que o portão do paraíso é "perolado"? É algum tipo de conto popular ou lenda, transmitido ao longo dos séculos? Na verdade, a Bíblia oferece evidências reais para essa ideia, encontradas em Apocalipse (21, 21), em que os portões são na verdade enormes pérolas que cobrem as doze entradas à cidade: "Cada uma das doze portas era feita de uma só pérola".

À medida que for contando minha história, algumas vezes não vou poder explicar o que vi. Esse é um desses casos. Outros viajantes celestiais viram pedaços do portão que descreveram como perolados; eu acredito neles. Também acredito que me foi dada uma visão diferente, uma imagem do paraíso que incluía um portão feito de madeira pesada e escura e coberto por luzes cintilantes. Eu aceitei isso, e espero que você também aceite. Em vez de tentar sermos tão espertos quanto Deus, deveríamos parar enquanto ainda estamos ganhando.

Um último comentário sobre esse assunto: meus conselheiros espirituais rezaram comigo e por mim enquanto eu tentava ficar em paz em relação ao meu tempo no céu, e eles sugeriram que talvez os portões sejam de fato enormes pérolas quando o Novo Céu e a Nova Terra surgirem, de acordo com o tempo e plano de Deus. Afinal, eu tive uma prévia do Céu Intermediário, o lugar para o qual os fiéis vão quando morrem. É um lugar diferente do Novo Céu e da Nova Terra que iremos habitar após o retorno de Cristo. Essa é uma distinção importante a ser feita, então fique atento.

Meus conselheiros espirituais podem estar certos, ou talvez haja uma resposta totalmente diversa. Perolado ou não, fico muito agradecido por ter permanecido à sombra daquele maravilhoso portão!

Alguém foi rejeitado?

Quando compartilho minha experiência no céu com as pessoas, eu sempre ouço a mesma pergunta: "Você viu alguém ser rejeitado no portão? Alguém entrou e voltou?". E a resposta é não. Ninguém jamais retornou depois de passar pela entrada.

Por que essa é uma questão tão importante para as pessoas? Acho que muitas, mesmo as mais fiéis, não conseguem ficar cem por cento seguras sobre onde passarão a vida após a morte. Elas sofrem de inseguranças, e secretamente se perguntam: é possível que eu seja rejeitado? Elas se perguntam também sobre seus entes queridos que já morreram. Talvez esses não tenham sido ativos em sua fé ou não viviam suas vidas de acordo com a vontade de Deus antes de morrer.

Algumas pessoas com quem conversei imaginam que talvez possam se esforçar mais para entrar no paraíso. Eu sempre digo, aceite Cristo primeiro, essa é a chave. As pessoas sempre querem colocar o carro na frente dos bois.

Você ficaria surpreso com as perguntas que me fizeram, e os medos que as pessoas abrigam no fundo de suas almas.

Para mim, cada pessoa lá estava destinada a estar lá. Quando cheguei à porta, havia cinquenta ou sessenta pessoas atrás de mim. Éramos todos filhos de Deus, seguidores do seu Filho, destinados ao reino dos céus. Todos à minha frente foram rapidamente admitidos na presença de Deus, seu Filho, dos anjos, de seus entes queridos, e de todos os santos reunidos lá.

Eu estava na frente da fila, o próximo a passar por aquela porta magnífica. E então abruptamente ela se abriu, e eu estava cara a cara com o personagem bíblico que mais amava, depois de Jesus: o apóstolo Pedro.

5 Olá, Marv, meu nome é Pedro

Quando o homem abriu a porta, estendeu a mão e seus olhos se iluminaram em uma saudação acolhedora.

– Olá, Marv, meu nome é Pedro. Bem-vindo ao paraíso.

O homem à minha frente segurando a porta do paraíso aberto era o apóstolo Pedro em pessoa, a "rocha" sobre a qual Cristo construíra sua igreja, o querido amigo de Jesus.

Tenho que admitir – eu fiquei boquiaberto. Como não poderia? Ele tinha sempre sido alguém que eu admirava e a quem me sentia próximo na Bíblia, e aqui estava ele oferecendo sua mão para que eu a apertasse.

Talvez eu estivesse muito distraído por todas as visões e sons enquanto estava na fila do portão, mas não deduzi quem era antes de ele se apresentar.

Foi aí que caiu a ficha. *Pedro! Ah, não podia ser melhor do que isso!* (Na verdade, podia, porque o paraíso é assim. Justo quando você pensa que nunca foi mais feliz, você tem outra experiência que supera a anterior.)

Pedro tinha um aperto de mão forte e confiante, e a expressão em seu rosto era calorosa e aberta. Embora fosse um dos doze discípulos de Jesus, e um dos homens mais famosos e admirados da História, Pedro era tão humilde e pragmático como o cara que apara o seu jardim, corta seu cabelo ou pesca os peixes que você come. De fato, ele parecia um pescador, com uma barba curta, cabelo desgrenhado e roupas que parecia estar usando há mil anos, puxando redes e destripando peixes.

Ele usava um cinto de tecido ao redor da cintura, e seus mantos eram escuros e cinzentos, feitos de um material mais pesado do que o tecido translúcido dos mantos dos anjos. Nem um pouco sofisticado ou "celestial".

Era fascinante para mim o quanto as roupas de Pedro pareciam ser roupas de trabalho, vestes reais de um pescador, duráveis e quentes, feitas para aguentar os ventos frios no mar. É sempre mais frio na água, e seus mantos pareciam ter sido feitos para esse propósito. Ele usava sandálias.

Pedro tinha cerca de um metro e setenta, era sólido e robusto, com ombros largos e quadris estreitos. Tinha a constituição de um lutador, ou talvez um halterofilista que não levasse muito a sério o levantamento de pesos, mas que fosse, mesmo assim, bastante forte. Eu tive a sensação de que se você entrasse em conflito com ele, Pedro ficaria parado como uma rocha e enfrentaria você de frente. Ele tinha o jeito de alguém determinado; eu sabia que esse cara, sendo um pescador, continuaria no mar mesmo se as ondas estivessem a três metros de altura.

Ele tinha um rosto arredondado, e seus cabelos negros eram lisos, não ondulados, a maior parte cinza. Caíam por trás do pescoço, mas não eram muito longos (falei como um verdadeiro banqueiro agora). *Aqui está mais um típico cara mais velho que precisa de um corte de cabelo*, pensei.

Pedro parecia ter uns 55 anos, mais ou menos. Seus olhos eram cinza com um matiz azul – isso me surpreendeu um pouco, já que a maioria dos homens judeus tem olhos castanhos – e seu nariz encaixava-se bem em seu rosto; quer dizer, era um nariz forte, normal, de bom tamanho. Pedro tinha um sorriso muito agradável e, felizmente, estava sorrindo para mim.

Ele parecia satisfeito e feliz em me ver, e seu jeito era caloroso, agradável, confiante e amigável, todas as características que eu procurava quando costumava contratar pessoas – ou não contratá-las, como era o caso, às vezes.

Na época em que administrava um banco, eu entrevistava pessoas para os cargos mais altos e procurava aquelas em que eu confiasse logo de cara. Pedro falava de um jeito que fazia você acreditar que o que ele dizia era verdade.

Quando eu conduzia entrevistas, às vezes falava com uma pessoa por cinco minutos e notava algo estranho em seu tom de voz, uma inquietação em seus olhos ou algo suspeito em seus maneirismos, e então eu não a contratava nem que me pagassem.

Durante inúmeras entrevistas, eu sempre procurava pessoas que fossem confiantes e assertivas, mas não muito agressivas; gentis, mas não fracas. Tínhamos todo tipo de cliente no banco, incluindo pessoas que nunca tinham sorrido um dia em suas vidas e certamente acabariam com o dia dos outros se pudessem. Minha função era encontrar empregados que atenderiam esse tipo de cliente. Pedro seria um dos caras que eu teria contratado. Eu mantive muitos segredos durante meus anos como banqueiro, e percebi que poderia ter confiado em Pedro para mantê-los.

Uau – o inimitável Pedro, bem na minha frente!

Pedro, a rocha, o amigo, discípulo, apóstolo, pecador e santo. Ele era mais que uma figura inspiradora das Escrituras; para mim, era como um amigo que eu conhecia bem. Talvez modelo ou mentor seja uma descrição ainda melhor. Pedro era parecido comigo em alguns sentidos bons e em outros não tão bons. E agora parecia que nós dois, homens determinados e decididos (para não dizer duas mulas teimosas) poderíamos ser amigos de verdade.

Ele estava a alguns passos de distância, uma distância confortável para ter uma conversa com alguém. Começamos uma conversa fiada – não me pergunte sobre o quê. Talvez eu estivesse animado demais por conhecer meu herói da Bíblia, mas eu sinceramente não me lembro sobre o que conversamos naqueles primeiros momentos. Mas estou seguro de que não foi sobre o tempo.

– Tenho que dizer, Pedro. Você sempre foi um dos meus preferidos na Bíblia – eu disse.

– E por quê? – ele perguntou, curioso e sorrindo um pouco.

– Porque você cometeu quase tantos erros quanto eu em minha vida – respondi.

Pedro abriu um grande sorriso e acenou com a cabeça, como se dissesse *Ah, sei que isso é verdade!* O apóstolo e eu nos entendíamos perfeitamente.

De fato, Pedro perdeu a paciência várias vezes. Ele era esquentado, e às vezes precisava rever suas prioridades. Algumas vezes, seus julgamentos eram equivocados, assim como acontece a todos nós.

Mas ele era um bom e firme seguidor de Cristo, alguém que abandonou suas redes de pesca para assumir uma vida de risco e perigo pelo seu mestre.

Esse cara desarrumado à minha frente, usando roupas de pescador e acenando com um brilho de compreensão em seus olhos – Pedro ajudou a mudar o mundo!

Quem foi Pedro?

A vida de Pedro, ou o tanto dela que eu conhecia pela Bíblia, sempre tinha me intrigado, mas, depois de conhecê-lo cara a cara, meu interesse aumentou ainda mais. Quem era esse guardião do reino dos céus? Como era a sua vida?

O pescador conheceu Jesus por intermédio do seu irmão André. Os dois irmãos eram da aldeia de pescadores Betsaida, que significa “lugar de redes” ou “peixaria”. (Seria como se eu fosse de uma cidade chamada Muitos Bancos.) Dia após dia, eles carregavam suas redes em barcos velhos e jogavam-nas, esperando por uma boa pesca de tilápia, o grande negócio do mar da Galileia. Hoje, a tilápia é inclusive chamada de peixe-de-são-pedro.

Os irmãos, que vinham – não é de admirar – de uma família de pescadores, viviam em Cafarnaum, uma cidade à beira-lago ao norte da Galileia, quando Jesus os intimou a deixarem cair suas redes de pesca e se tornarem seus discípulos, pescadores de homens.

A primeira coisa que André fez após conhecer Jesus foi correr atrás do irmão, para que Pedro pudesse conhecer o messias também. E a primeira coisa que seu Salvador fez foi dar a Simão um novo nome: "Jesus, fixando nele o olhar, disse: 'Tu és Simão, filho de João; serás chamado de Cefas'" (João 1, 40-42).

Cefas (Pedro), claro, significa "rocha".

Depois que se conheceram e que Jesus lhe deu seu novo nome, Pedro raramente saiu de perto do seu messias, viajando com Ele em seu ministério e rapidamente se tornando o líder e porta-voz dos doze discípulos (dos quais sete eram pescadores).

Obviamente, Pedro era já adulto quando Jesus o escolheu para ser um de seus discípulos mais íntimos, o que significa que ele nasceu no final do século I a.C. Ele também era um homem casado, de acordo com São Marcos (1, 30) – o relato de Jesus curando a sogra de Pedro. Eu fico imaginando... antes de Jesus curar a sogra de Pedro, o que a mulher dele pensou sobre seu marido de repente abandonar o emprego e a única fonte de rendimento que tinham e seguir um profeta renegado?

Queria ter sido uma mosquinha no dia em que Pedro foi para casa e fez esse anúncio!

Sabemos que ele não tinha nenhuma educação formal, assim como João, também do "núcleo" dos três apóstolos mais próximos a Jesus. Atos dos Apóstolos (4, 13) diz o seguinte: "Vendo eles a coragem de Pedro e de João, e considerando que eram *homens sem estudo e sem instrução*, admiravam-se".

Pedro era um homem do povo em um lugar do povo: a Palestina, a região que os judeus instruídos consideram pertencente a *Am harez*, ou "pessoas da terra". Esse termo não é tão simpático quanto parece. Na época, era usado de modo depreciativo para descrever as pessoas ignorantes das sutilezas e valores mais profundos do judaísmo e do modo de vida judeu.

Quando Pedro se tornou um homem, sua terra natal era pobre e estava num clima terrivelmente tenso, pois era ocupada pelos romanos. Você consegue pensar no seu país ocupado por alguém? É difícil até de imaginar. Aposto que as pessoas na Palestina estavam já com raiva de Roma, e procurando uma saída daquela opressão.

E então chegou Jesus, que salvou Pedro de um modo que ele nunca esperou e nem sempre entendeu. Ele viu Jesus transformar água em vinho, alguns peixes e pães em uma refeição para uma grande multidão, e até andar sobre a água. Ele presenciou Jesus levantando Lázaro e a filha de Jairo dos mortos e ganhou até um vislumbre do seu mestre em sua glória maior, na transfiguração do Monte Tabor.

Lá, Pedro viu seu querido amigo conversar com Moisés, o maior professor de Israel, e Elias, seu maior profeta, embora eles estivessem mortos há mil anos ou mais. Lá, Pedro viu Jesus brilhar como só Deus é capaz:

> *Seis dias depois, Jesus tomou consigo a Pedro, Tiago e João, e conduziu-os a sós a um alto monte. E transfigurou-se diante deles. Suas vestes tornaram-se resplandecentes e de uma brancura tal, que nenhum lavadeiro sobre a terra as pode fazer assim tão brancas. Apareceram-lhes Elias e Moisés, e falavam com Jesus. Pedro tomou a palavra: "Mestre, é bom para nós estarmos aqui; faremos três tendas: uma para ti, outra para Moisés e outra para Elias". Com efeito, não sabia o que falava, porque estavam sobremaneira atemorizados. Formou-se então uma nuvem que os encobriu com a sua sombra; e da nuvem veio uma voz: "Este é o meu Filho muito amado; ouvi-o". E olhando eles logo em derredor, já não viram ninguém, senão só a Jesus com eles.* (São Marcos 9, 2-8)

Durante meu tempo no paraíso, eu tive um breve vislumbre de como Deus resplandece, e sei que nunca serei o mesmo.

Mas Pedro, que testemunhou a transfiguração do seu querido amigo, ainda assim arruinou o momento, interrompendo o instante sagrado com sua ideia das tendas! E ele cometeu seus maiores erros *depois* de ver todas essas coisas maravilhosas com seus próprios olhos.

A rocha se tornou uma pedra no caminho – no seu próprio caminho mais do que no dos outros –, um exemplo para a posteridade de como somos todos muito humanos.

É até difícil ler a história de como Pedro traiu Jesus no momento em que Jesus mais precisava dele, mas também vejo nela meu próprio coração humano, cheio de falhas:

> *Enquanto isso, Pedro estava sentado no pátio. Aproximou-se dele uma das servas, dizendo: "Também tu estavas com Jesus, o Galileu". Mas ele negou publicamente, nestes termos: "Não sei o que dizes". Dirigia-se ele para a porta, a fim de sair, quando outra criada o viu e disse aos que lá estavam: "Este homem também estava com Jesus de Nazaré". Pedro, pela segunda vez, negou com juramento: "Eu nem conheço tal homem". Pouco depois, os que ali estavam aproximaram-se de Pedro e disseram: "Sim, tu és daqueles; teu modo de falar te dá a conhecer". Pedro, então, começou a fazer imprecações, jurando que nem sequer conhecia tal homem. E, neste momento, cantou o galo. Pedro recordou-se do que Jesus lhe dissera: "Antes que o galo cante, tu me negarás três vezes". E saindo, chorou amargamente.* (São Mateus 26, 69-75)

Mas Jesus sempre viu nele o homem de rocha que iria se tornar após ter cometido erros tão graves. Quase como Jesus viu em mim o marido e pai decente e amoroso que sabia que eu podia ser, mesmo que eu não tenha sido sempre decente e amoroso.

Quando eu era mais jovem, bebia muito e não levava minha fé a sério apesar de ter sido ensinado sobre o caminho de Deus. Pedro achava que ele podia fazer qualquer coisa, como eu costumava pensar também. Todos percebemos, em algum momento, que não somos tão bons como pensávamos. Desobedecemos. Desapontamos as pessoas que amamos.

Eu cometi muitos erros na faculdade, não me dedicando do jeito que deveria nem aos meus estudos nem ao meu crescimento como fiel. Só quando estava casado e no exército percebi que o caminho de Deus era o caminho correto, e o meu, o caminho errado. E então eu comecei a construir minha vida, passo a passo, sobre a rocha da minha salvação.

Jesus sabia que Pedro sentia um remorso terrível por tê-lo renegado naquele pátio, por isso, após sua ressurreição, apareceu primeiro para ele, antes do que para qualquer outro discípulo. Pedro, que tinha falhado tanto, tornou-se o líder da igreja renascida, como Jesus havia previsto, e o primeiro a pregar o Evangelho. Jesus deu a Pedro um presente incrível, confiando seus primeiros seguidores aos seus cuidados.

O pescador passou o resto da sua vida após a morte e ressurreição de Jesus transmitindo aos outros a Boa-Nova. Após uma vida de serviço ao seu Senhor como missionário, professor e evangelista, o corajoso e teimoso Pedro sofreu uma morte cruel por sua fé. A tradição nos conta que Pedro foi crucificado de cabeça para baixo, em Roma, durante a terrível perseguição do imperador Nero, que começou em 64 d.C. – a mesma sobre a qual Pedro avisou os primeiros fiéis em sua primeira carta. Eles precisavam muito daquela carta. De acordo com os historiadores, muitos cristãos morreram de forma hedionda, estraçalhados por cachorros, queimados vivos ou pregados em cruzes como Pedro.

A mensagem de Pedro para eles era de conforto e esperança, cheia de incentivo para permanecerem firmes em Cristo, como ele, até o fim. A fé que Jesus tinha nele não foi equivocada – no fim, Pedro provou ser uma rocha.

Alguns anos após minha experiência no céu, Ruth e eu viajamos por algumas das regiões bíblicas, incluindo Roma, o local do qual Pedro escreveu sua carta de aviso e conforto aos primeiros cristãos e a cidade onde provavelmente morreu.

Quando eu estava ao pé do túmulo de São Pedro, sob a Basílica de São Pedro na cidade do Vaticano, eu pensava sobre o homem que me saudara tão calorosamente no paraíso. Estaria aquele pescador simples com o firme aperto de mão realmente enterrado ali, sob aquele templo de mármore e ouro? Muitas evidências arqueológicas sugeriam que sim.

Mas eu sabia que não. Sabia onde Pedro realmente estava. Ele estava naquele maravilhoso lugar onde eu o conheci por um momento que foi breve demais, no serviço de seu Senhor e Rei, perfeitamente realizado e contente para sempre.

E aposto que, sempre que Pedro tinha uma chance, pulava num barco e navegava pelas águas luminosas do mar que eu vi logo após o portão.

Mas, espere um momento... que mar é esse de que você está falando? É a primeira vez que ouvimos sobre isso.

Aguente firme, meu amigo. Chegaremos ao mar do paraíso em um minuto. Mas primeiro, vamos falar sobre chaves; especificamente, quem guarda as chaves do reino dos céus?

Pedro desmistificado

Quem tinha sido realmente o homem que me recebeu na porta do paraíso, além de um conhecido personagem da Bíblia, santo canonizado e, estranhamente, a premissa de inúmeras piadas? ("Um rabino e um padre morrem e aparecem nos portões perolados, onde encontram São Pedro...") Você sabe do que eu estou falando. Todos já ouvimos e talvez até tenhamos contado essas piadas. Aqui vai uma boa, como exemplo, além de ser engraçada:

> *Quando jovem, Norton era um golfista excepcional. Aos 26 anos, porém, decidiu tornar-se padre, e juntou-se a uma ordem específica. Ele jurou os votos usuais de pobreza e castidade, mas sua ordem também exigiu que ele desistisse do golfe e nunca mais jogasse. Isso foi particularmente difícil para Norton, mas ele concordou e foi finalmente ordenado.*

Num domingo de manhã, o reverendo padre Norton acordou e percebeu que era um dia de primavera excepcionalmente bonito e ensolarado, e decidiu que simplesmente tinha que jogar golfe.

Por isso, disse ao padre assistente que estava se sentindo doente e convenceu-o a rezar a missa por ele. Assim que o pastor saiu da sala, padre Norton se dirigiu a um campo de golfe a uns sessenta quilômetros da cidade. Desse modo, ele sabia que não ia acidentalmente encontrar algum conhecido da paróquia.

Ele estava sozinho enquanto preparava-se para a primeira tacada. Afinal, era domingo de manhã e todo mundo estava na igreja!

Mais ou menos nessa hora, São Pedro, olhando para baixo, se inclinou para o Senhor e exclamou:

– Você não vai deixar que ele faça isso, vai?

O Senhor suspirou e disse:

– Não, suponho que não.

Nesse momento, o padre Norton atingiu a bola e ela voou direto na direção do buraco, caindo um pouco antes – e então rolou mais um pouco e caiu em cheio lá dentro. Foi um hole in one *de 380 metros!*

São Pedro ficou chocado. Ele olhou para o Senhor e perguntou:

– Por que você deixou que ele fizesse isso?

O Senhor sorriu e disse:

– Para quem ele vai poder contar?

Aí está uma piada que toca num ponto sensível para mim, um golfista de uma tradição religiosa que às vezes pode dar importância demais ao que as pessoas fazem no domingo!

Mas, falando sério, o legado de Pedro vai muito além de piadas. Por exemplo, como ele se tornou uma constante nessas piadas dos portões perolados, para começo de conversa?

Sabemos que, ao longo dos anos, uma versão de São Pedro se tornou um personagem padrão em piadas, cartuns, comédias, dramas e peças – todo tipo de narrativa. Esse "personagem" quase sempre se baseia no papel de Pedro como guardião "das chaves do reino dos céus", como dito em São Mateus (16, 13-19):

> *Chegando ao território de Cesareia de Filipe, Jesus perguntou a seus discípulos: "No dizer do povo, quem é o Filho do Homem?". Responderam: "Uns dizem que é João Batista; outros, Elias; outros, Jeremias ou um dos profetas". Disse-lhes Jesus: "E vós, quem dizeis que eu sou?". Simão Pedro respondeu: "Tu és o Cristo, o Filho de Deus vivo!". Jesus, então, lhe disse: "Feliz és, Simão, filho de Jonas, porque não foi a carne nem o sangue quem te revelou isto, mas meu Pai que está nos céus. E eu te declaro: tu és Pedro, e sobre esta pedra edificarei a minha Igreja; as portas do inferno não prevalecerão contra ela. Eu te darei as chaves do Reino dos Céus: tudo o que ligares na terra será ligado nos céus, e tudo o que desligares na terra será desligado nos céus".*

É só isso – os versículos nos quais todo o folclore e as histórias sobre Pedro se basearam. É por isso que Pedro começou a ser representado como um cara velho e barbudo que fica sentado nos portões perolados, agindo como uma espécie de recepcionista de hotel que pessoalmente entrevista os candidatos ao paraíso.

Essa visão de Pedro tem sido perpetuada ao longo da história, desde obras de arte medievais, nas quais Pedro é representado como um homem careca com uma longa barba (normalmente há chaves nas pinturas também, balançando das mãos de Pedro ou presas ao seu cinto), até o filme *Caiu do céu*, de 2004, no qual Pedro aparece para o personagem principal, um menino, e refere-se a si mesmo como "santo padroeiro das chaves, fechaduras e segurança em geral".

Eu definitivamente não vi nenhuma chave com Pedro, e ele com certeza não era careca como eu. Tinha cabelo para dar e vender. Não estava sentado atrás de uma mesa e não contou nenhuma piada, embora parecesse um homem com senso de humor.

Algumas pessoas que ouviram minha história ficaram surpresas ao saber que Pedro me recebeu, porque a maioria dos estudiosos da Bíblia concorda que Jesus não estava se referindo a Pedro como guardião dos portões do paraíso. Ele estaria, na verdade, começando a preparar seus amados discípulos para o sofrimento futuro, e reafirmando a autoridade deles como seus discípulos. Os teólogos sugerem que o que Jesus quis dizer é que qualquer coisa feita por Pedro ou por qualquer um dos discípulos em concordância com a sua vontade teria poder e validade permanentes, naquele momento e para sempre.

Só posso dizer o que eu vi e experimentei, que foi o encontro com Pedro em pessoa no portão do paraíso. Em alguns sentidos, meu encontro está de acordo com a teoria de que Pedro age como o porteiro do paraíso, ou pelo menos do portão para o qual eu fui. Porém, ele me pareceu ser mais o "recepcionista designado" para aquele portão e para aquele dia. Certamente não estava sentado numa mesa com uma plaquinha: "São Pedro: Mesa de Admissão. Toque a campainha se ninguém estiver aqui".

E com certeza não é decisão de Pedro quem entra e quem não entra, não importa quantas piadas e histórias sugiram que seja. Eu já disse e repito: se você chegou até lá, vai entrar no paraíso. Deus e só Deus decide quem e onde, se e quando.

O propósito de Pedro era me receber e fazer com que me sentisse bem-vindo, e verificar o Livro da Vida para ver se meu nome estava lá *para aquele dia*. Talvez Deus tenha escolhido Pedro para essa missão – me ajudar a entender o que estava acontecendo durante minha estada no céu – porque sabia o quanto eu sempre tinha gostado dele. É também possível que Deus soubesse que estávamos equilibrados no departamento de teimosia, e que Pedro conseguiria lidar com esse holandês cabeça-dura, especialmente quando fosse a hora de anunciar as más notícias. Porque quando ele abriu o Livro da Vida para o dia 27 ou 28 de abril de 2006, o nome Marv Besteman não estava em lugar nenhum.

6 O Livro da Vida

Quando atravessei o imenso portal do paraíso, havia uma área que pode ser mais bem descrita como um portão interno. Era como aqueles sobre os quais lemos nas Escrituras, como os antigos portões que ainda existem em algumas partes do mundo que são habitadas há muitos séculos.

Quando olhei de um lado a outro, vi uma longa prateleira de pedra que se estendia por uns três metros para os dois lados antes de desaparecer em um tipo de neblina ou névoa. Sobre essa prateleira ou mesa feita de pedras, estavam empilhados livros e mais livros, três ou quatro por vez, ao longo de toda a superfície, tanto à esquerda como à direita.

As pedras eram irregulares e simples. Definitivamente não eram decorativas; na verdade, tinham uma aparência grosseira e não eram nem um pouco polidas. Era quase como se tivessem rolado por uma colina e alguém tivesse dito "Deixe-as aí". Eu tenho quase certeza de que esse banco era bom, sólido como uma rocha, imóvel e capaz de suportar toneladas de peso. Mas pareciam pedras soltas empilhadas uma em cima da outra, de modo natural e inerente.

Aliás, quando Ruth e eu fizemos um cruzeiro para Turquia, Grécia e Itália, o tipo de pedra cinzenta que vimos nas terras bíblicas me lembrou as pedras do paraíso. Se você já foi para aquela belíssima parte do mundo, sabe do que eu estou falando. Quando viajamos para lá em 2009, fiquei espantado com o quão rochosos e acidentados eram os caminhos. Quando você está andando, tem que prestar atenção em cada passo – os trajetos são muito esburacados. Numa excursão para Éfeso, o lugar para onde Paulo mandou o livro dos Efésios, eu tropecei uma vez e caí de cara. Achei que tinha quebrado meu nariz.

Não que eu esteja reclamando, pois, no que se refere a viagens, essa foi maravilhosa (embora quase tenhamos perdido Ruth no Vaticano, mas essa é uma história para outro dia). Durante a viagem, eu não parava de pensar sobre as cartas entregues aos Romanos, Tessalonicenses, Efésios etc. – cartas escritas pelo apóstolo Paulo, transportadas por seus criados de confiança, e lidas nos lugares em que eu estava caminhando. Teriam sido lidas em voz alta para grandes grupos de pessoas nos coliseus? Ou passadas de fiel a fiel? Estar nas terras bíblicas era inspirador em muitos sentidos.

Tenho que confessar: não pude deixar de notar que a Grécia tinha as mulheres mais lindas que eu já havia visto. A Ruth teve que me segurar um pouco. Eu podia ter 75 anos, estar careca e caindo de cara no chão, mas não era cego!

Voltemos ao paraíso e à prateleira naquele santuário, feito daquelas pedras grosseiras e irregulares que vi em todo lugar nas terras bíblicas. A prateleira tinha cerca de um metro de altura, ia até a minha cintura. Os livros empilhados sobre ela eram tão grossos quanto a lista telefônica de Grand Rapids, cerca de seis centímetros. Estavam encadernados com o que parecia ser um antigo couro bovino, usado e antiquado, mas ainda não rebentando nas costuras. Como as pedras, os livros tinham a pátina dos tempos antigos, mas eu sabia que eram mais fortes e resistentes que qualquer livro na Terra.

Eu não me toquei que esses livros eram o Livro da Vida, ou, como descobriria, os *Livros* da Vida, até que Pedro virou-se e abriu um volume específico, procurando meu nome. Então eu percebi o que eles eram, e o que estaria em suas páginas gloriosas.

Pedro não olhou em mais do que um livro, nem folheou as páginas do livro que pegou. Pareceu que o abriu no lugar certo. Sabia exatamente onde procurar meu nome.

O livro era tão longo e extenso quanto um atlas, cerca de 25 centímetros de largura por trinta de altura. Quando Pedro se voltou para olhar o Livro, estava a mais ou menos um metro de mim. Não posso dizer em que língua ele estava escrito, se era inglês, aramaico ou alguma língua celestial escrita e lida apenas no paraíso. Eu não reparei nisso, nem na textura das páginas ou em quão elegantes e miúdas eram as letras.

Por que não reparei nessas coisas? Bem, digamos que eu estava um pouco distraído. As visões no céu podem atrair mais a sua atenção do que, digamos, um incrível gol de hóquei lançado de trás da linha azul ou um acidente na estrada, ou mesmo as adoráveis mulheres gregas. Eu tinha dificuldade em me focar na coisa maravilhosa acontecendo a um metro de distância – um dos discípulos de Jesus procurando meu nome no Livro da Vida! – porque logo depois daquele grande homem e daqueles livros formidáveis estava um mundo inteiramente novo, o mundo do paraíso em si.

A melhor e maior lista de chamada de todos os tempos

Antes de vê-lo com meus próprios olhos, eu pensava que o Livro da Vida era como uma enciclopédia gigante com letras miúdas, como aquelas que eu costumava folhear quando criança, procurando dados sobre constelações, sapos e Burma. Na minha mente, o Livro da Vida estava cheio de nomes, milhões e milhões de nomes registrados com cuidado, identificando aqueles que seriam salvos pela graça.

Eu sempre estudei as Escrituras, lendo a palavra de Deus para meu próprio crescimento espiritual assim como para atuar em meu papel de presbítero ao longo dos anos em algumas igrejas que frequentamos. Mas, depois de ir ao paraíso e ver algumas das coisas de que Deus fala em sua Sagrada Escritura, eu quis olhar mais de perto o que a Bíblia falava sobre aquilo que eu tinha visto, incluindo o Livro da Vida.

O Livro da Vida: um olhar mais aprofundado

O Livro da Vida é sagrado para os cristãos como o grande registro daqueles que irão se juntar ao Pai, seu Filho e seu Espírito Santo para sempre e toda a eternidade naquele lugar perfeito. Os cristãos não são os únicos a considerar esse livro sagrado; ele também é venerado no judaísmo. Na fé judaica, o Livro da Vida é chamado *Sefer HaChaim* (em hebraico), e é considerado o livro no qual Deus registra o nome de cada pessoa destinada ao paraíso.

O Novo Testamento faz oito menções ao Livro da Vida, sete delas no livro do Apocalipse, na visão que João tem do paraíso. A outra referência aparece na Epístola aos Filipenses (4, 1-3), na última chamada de Paulo para a fé, lealdade e unidade entre os membros da igreja em Filipos:

> *Portanto, meus muito amados e saudosos irmãos, alegria e coroa minha, continuai assim firmes no Senhor, caríssimos.*
>
> *Exorto a Evódia, exorto igualmente a Síntique que vivam em paz no Senhor. E a ti, fiel Sínzigo, também rogo que as ajudes, pois que trabalharam comigo no Evangelho, com Clemente e com os demais colaboradores meus, cujos nomes estão inscritos no livro da vida.*

Aparentemente, duas mulheres na igreja, Evódia e Síntique, não estavam se dando bem, como acontece com todo mundo de vez em quando. Mas Paulo refere-se a elas mesmo assim como sendo colegas na causa do Evangelho por terem trabalhado lado a lado em seu ministério, e servas cujos nomes estão escritos no Livro da Vida. Para mim, isso classifica o Livro da Vida como um registro dos nomes daqueles destinados à salvação eterna.

Apocalipse

As outras referências no Novo Testamento ao Livro da Vida aparecem no Apocalipse, especificamente na visão que o apóstolo João teve do paraíso. A primeira das sete menções aparece em uma passagem sobre o julgamento no grande trono branco:

> *Vi, então, um grande trono branco e Aquele que nele se assentava. Os céus e a terra fugiram de sua face, e já não se achou lugar para eles. Vi os mortos, grandes e pequenos, de pé, diante do trono. Abriram-se livros, e ainda outro livro, que é o livro da vida. E os mortos foram julgados conforme o que estava escrito nesse livro, segundo as suas obras.* (Apocalipse 20, 11-12)

Os teólogos nos dizem que o julgamento no grande trono branco descrito nessa passagem é um julgamento para os infiéis. Muitos estudiosos da Bíblia acreditam que ninguém nesse julgamento tem seu nome escrito no Livro da Vida. O que isso de fato significa, não sei. Gostaria de saber.

Só aquele que escreveu os nomes nesses livros sabe. O que eu sei é que as Escrituras dizem claramente que nenhum fiel deve duvidar de sua segurança eterna em Cristo.

Eu adoro o que Jesus diz sobre isso no Evangelho de João:

> *As minhas ovelhas ouvem a minha voz, eu as conheço e elas me seguem. Eu lhes dou a vida eterna; elas jamais hão de perecer, e ninguém as roubará de minha mão. Meu Pai, que mas deu, é maior do que todos; e ninguém as pode arrebatar da mão de meu Pai. Eu e o Pai somos um.* (São João 10, 27-30)

"Ninguém as roubará de minha mão... ninguém as pode arrebatar da mão de meu Pai." Isso me conforta profundamente, e espero que faça o mesmo por você. Muitos fiéis passam tempo demais se preocupando por achar que não irão para o paraíso quando morrerem e que seus nomes não estão escritos naqueles livros eternos que eu vi.

Eu gostaria que todos pudessem ter o mesmo tipo de prévia do céu que eu recebi, que cada pessoa salva pela graça pudesse sentir-se confiante e segura de que seu nome está escrito no Livro. Para mim, a Bíblia é muito clara sobre esse assunto, mas nem todo mundo interpreta certos versículos do mesmo jeito. Algumas pessoas apontam o Apocalipse (3, 5) e sua definição de "vencedor" como "prova" que uma pessoa pode perder sua salvação:

O vencedor será assim revestido de vestes brancas. Jamais apagarei o seu nome do livro da vida, e o proclamarei diante do meu Pai e dos seus anjos.

Para mim, a promessa desse versículo é obviamente que o Senhor nunca irá apagar um nome: "Jamais apagarei o seu nome". Um "vencedor" não é alguém que ganha cada batalha contra o pecado; se fosse assim, o Livro da Vida estaria cheio de páginas em branco. Não, eu acredito firmemente que a pessoa referenciada aqui é um filho precioso de Deus, que, por meio de Cristo, triunfa no fim sobre as tentações, vicissitudes e males do mundo – em outras palavras, alguém que é redimido, salvo, escrito na lista de chamada de Deus e destinado a passar a eternidade com Ele.

Eu gosto do modo como a *The Message*[3] parafraseia esse verso: "Conquistadores irão marchar no desfile da vitória, seus nomes indeléveis no Livro da Vida. Eu os liderarei e apresentarei pelo nome ao meu Pai e seus Anjos".

Se você o ama e o escolheu, será um desses vencedores, vestido de branco, marchando no desfile de vitória. Será liderado por Jesus, seu rosto iluminado com o orgulho e a alegria de um pai, e apresentado pelo nome ao Deus Pai e aos seus anjos. Por quê? Porque seu nome é indelével no Livro da Vida! Sim, indelével – em outras palavras, impossível de remover, gravado, permanente, destinado a durar para sempre.

3 Versão da Bíblia em inglês contemporâneo. (N. T.)

Deus mantém bons registros. Ele conhece seu povo e colocou os nomes de seus filhos para todo o sempre em seu livro.

Quadro de pessoal de Deus

O Livro da Vida já foi chamado de "Quadro de Pessoal de Deus" por pessoas tentando entender esse volume divino classificando-o de um modo compreensível aos nossos cérebros terrenos. Para aqueles que não sabem o que é um "quadro de pessoal", ele tem uma conotação militar: é como um inventário, um rol ou um registro dos oficiais e homens e mulheres numa unidade militar ou na companhia de um navio. Quem já procurou seus ancestrais que lutaram na Guerra Civil deve estar familiarizado com essa noção; deve ter tido que se debruçar sobre centenas de páginas empoeiradas e frágeis para encontrar o precioso nome de seu parente.

O quão mais prezado é o seu e o meu nome escritos no Livro da Vida! No Antigo Testamento, também há referência a esse livro como o rol no qual todas as pessoas que são consideradas justas diante de Deus são registradas para a eternidade.

O profeta Isaías fala sobre o remanescente sagrado de Deus, seu "ramo", uma referência a todos os fiéis, que são catalogados e classificados como filhos divinos de Deus:

Naquele tempo, aquilo que o Senhor fizer crescer será o ornamento e a glória, e o fruto da terra será o orgulho e o ornato daqueles de Israel que foram salvos. O que restar de Sião, os sobreviventes de Jerusalém, serão chamados santos, todos os que estiverem computados entre os vivos em Jerusalém. (Isaías 4, 2-3)

Daniel e Malaquias também profetizaram na Bíblia sobre o Livro da Vida. Daniel (12, 1) promete que, no fim dos tempos, "entre os filhos de teu povo, serão salvos todos aqueles que se acharem inscritos no livro".

Malaquias tinha outro nome para o Livro da Vida; ele o chamava de "livro da recordação". Escrevendo sobre o remanescente, ele disse:

Assim falavam os que temem o Senhor. Mas o Senhor ouviu atento: diante dele foi escrito o livro que conserva a memória daqueles que temem o Senhor e respeitam o seu nome. (Malaquias 3, 16)

Outras traduções chamam-no de o "livro da recordação".

Essa passagem é significativa por um motivo além da bela imagem de um "livro da recordação". Ela sugere que o Livro da Vida contém não só os nomes daqueles que passarão a eternidade desfrutando a presença de Deus no céu, mas também as boas ações feitas no nome dele.

Pedro não mencionou nenhuma das minhas boas ações – nem más, na verdade – quando procurou meu nome. Ele também não disse nada sobre as lágrimas que derramei na minha vida, as quais a Bíblia diz também estarem registradas no Livro da Vida. "Vós conheceis os caminhos do meu exílio", está escrito nos Salmos (55, 9), "Vós recolhestes minhas lágrimas em vosso cantil; não está tudo escrito em vosso livro?".

Quando a chamada for feita no além

Naquele dia, Pedro estava numa missão para verificar se meu nome estava no Livro da Vida, não para daqui uma semana, um ano, ou dez, mas para aquele dia. Ao contrário dos quadros de pessoal das antigas operações militares e de guerras, esses registros não estavam amarelados e rasgando com facilidade. Eles duraram eras e durarão ainda mais. Desde os primórdios, um desses resistentes livros tem inscrito o nome Marvin Besteman, para um certo dia e hora conhecidos apenas pelo guardião dos registros. Por razões de Deus, meu nome não estava no Livro da Vida para aquele dia.

Você se recorda daquele velho hino "When the Roll Is Called up Yonder" ["Quando a chamada for feita no além"]? Não é muito cantado hoje, embora provavelmente devesse ser. A letra expressa meus sentimentos muito bem: "Quando os salvos da terra se reunirem na outra margem, e a chamada for feita no além, eu estarei lá"[4].

4 Hino composto por James M. Black. No original: "When the saved of the earth shall gather over on the other shore,/ And the roll is called up yonder, I'll be there". Esse hino foi adaptado por diversas associações religiosas no Brasil, mas foi mantida apenas sua melodia, recebendo então uma nova letra. (N. T.)

Eu dei uma espiada na "outra margem", mas não era minha hora de ter meu nome chamado. Da próxima vez, quando aquela grande chamada for anunciada "no além", eu estarei lá. Definitivamente estarei lá.

7 Dentro do portão interno do paraíso

Pedro passou meio minuto, no máximo quarenta segundos, olhando o Livro da Vida. Naturalmente, não demorou muito para descobrir que meu nome não estava lá para aquele dia.

Enquanto esperava, tive uma chance de olhar ao meu redor, no lugar que eu considerava o portão interno, um local aberto entre o portão externo e a passagem cristalina que conduzia ao paraíso.

Eu estava de pé em uma grama verde e luxuosa, de uma tonalidade que nenhuma pessoa na Terra jamais viu. O espaço era aberto e quase deserto. Além da prateleira de pedra que já descrevi, que segurava o Livro da Vida, não havia outra mobília, nem uma cadeira para Pedro sentar. Embora, se você pensar bem, Pedro provavelmente não precisasse de uma cadeira. Ele não descansou nem por um minuto.

Quando olhei pra cima, não havia um teto. À minha frente, a alguns passos de onde Pedro verificava o Livro, um portão feito de algo como vidro erguia-se e desaparecia numa névoa, do mesmo modo que a prateleira de pedra. Atrás de mim, o portão de madeira escura também desaparecia numa espiral de um tênue vapor.

Pedro e a prateleira de pedra estavam a menos de um metro do que eu instintivamente sabia ser o portão do paraíso. Em minutos, eu teria uma chance de olhar para dentro daquele portão e testemunhar coisas incríveis, mas, naquele momento, eu estava mais preocupado com onde eu estava e com o que vi de lá – um brilhante mar azul.

Lago Paraíso

Como eu disse, Pedro estava usando roupas de sua época: mantos folgados amarrados com um cinto de algum tecido. Para mim, aquela era uma roupa de pescador, e quando vi o lago ou mar e os barcos de pesca à frente, tive a sensação de que Pedro poderia e aproveitaria a água sempre que quisesse, embora, naquele momento, não houvesse nenhuma alma lá.

A cerca de cinquenta metros, no centro do panorama à minha esquerda, estavam alguns velhos barcos de pesca à margem de um enorme largo ondulante. Os barcos pareciam usados e antigos, não polidos e chamativos como os barcos que vemos pelo lago Michigan. Se eu visse aqui na Terra um barco como aqueles que vi no céu, pensaria, "aí está uma velha canoa".

Havia apenas alguns poucos barcos – não contei quantos – e eles estavam ancorados numa margem arenosa e pedregosa. O azul do lago era um azul mais escuro e menos brilhante que o do céu do paraíso, e a superfície apresentava algumas ondas suaves. Como em um oceano ou em um dos Grandes Lagos, eu não podia ver a outra margem.

Só olhei para o lago por um curto período, porque logo Pedro acabou de verificar o Livro da Vida.

Um holandês cabeça-dura

Eu estava prestes a receber um grande choque quando Pedro voltou e interrompeu meus devaneios.

– Marv – ele disse, parecendo um pouco confuso. – Não consigo achar seu nome para hoje.

"Para hoje"... O que isso queria dizer? Sei que minha boca ficou aberta.

Fiquei instantaneamente decepcionado. *O que está acontecendo? Achei que, se você chegasse até aqui, estava dentro, que não tinha volta.* Eu estava confuso, mas nem por um momento pensei que talvez não tinha sido salvo.

Sabia que tinha sido salvo. Não havia a menor dúvida na minha mente.

E Pedro tinha enfatizado as palavras "para hoje", o que significava que eu não estava destinado a entrar no paraíso *naquele dia*. Sei que há uma outra data que Deus tem em mente, conhecida apenas por Ele.

Mas eu não tinha entendido nada disso naquele momento. Só o que sabia era que não queria de jeito nenhum retornar. *Ninguém que já pisou no paraíso iria querer voltar para a Terra, nem por um segundo.*

– Não quero voltar – eu disse. – Você não pode olhar de novo?

Pedro assentiu, voltando ao volume do Livro da Vida que estivera olhando antes. Mais uma vez, não conseguiu encontrar meu nome.

O meu lado mais agressivo foi revelado quando eu comecei a discutir com o fundador da Igreja Universal e uma das figuras dominantes do Novo Testamento. Eu devia ter me lembrado de que Pedro cortou a orelha de um homem uma vez quando ficou bravo. O que posso dizer? Pareceu uma boa ideia na hora. E eu não tinha nada a perder.

– Eu levei todos esses anos, tempo demais, para chegar até o céu, e não vou voltar agora – eu disse. – Eu sou um holandês teimoso. Preciso de tempo para entender as coisas. Não vou voltar. O que podemos fazer a respeito?

Pedro não falou muita coisa, mas parecia saber que eu não iria voltar voluntariamente – ninguém faria isso.

– Acho que você vai ter que voltar – disse.

Ele parecia estar pensando sobre a situação, e, por fim, acrescentou:

– Certo, a única coisa que eu posso fazer é falar com Deus.

Não discuti com ele naquele momento. Me sentia aliviado, na verdade. Se minha estranha circunstância ia até o topo, até Deus, então seria decidida a meu favor, certo?

Mais tarde, quando pude passar muito tempo refletindo sobre minha experiência celestial, percebi algo. Não são cometidos erros no paraíso, nenhum. Apesar de todas as piadas sobre São Pedro e o portão, ninguém foi acidentalmente aceito e depois recusado devido a um erro clerical! Então por que Pedro não conseguia achar meu nome?

Hoje eu acredito que foi tudo parte do plano de Deus. Deus certamente não ficou confuso ou surpreso quando Pedro o informou de que havia um homem esperando no portão cujo nome não estava "na lista" para o dia. Ele queria que eu visse exatamente o que eu vi, nem mais, nem menos. Deus posicionou Pedro estrategicamente para ser um recepcionista e um guia. E não houve nenhum erro com o que aconteceu em seguida, nenhum lapso da parte de Deus em relação ao que Ele me deixou ver e experimentar após Pedro ter ido falar com Ele.

Pedro se virou e atravessou o portal invisível para o paraíso, e então desapareceu.

Eu me aproximei o máximo possível do portão, embora não pudesse ver através dele. Não, não fui eletrocutado; havia algum tipo de barreira invisível que me impedia de passar. Mas havia coisas o bastante para ver logo depois de onde eu estava.

Enquanto Pedro tinha ido falar com Deus, eu cheguei o mais próximo que pude da entrada do céu. O portão era claro como vidro, embora tivesse uma textura completamente diferente daquela do vidro de, digamos, portas corrediças de um pátio ou das janelas de uma casa.

Eu diria que o portão tinha cerca de dois metros. Eu tenho 1,87 (e estou encolhendo rapidamente); o portão era mais alto que a minha cabeça, mas não tanto que eu não pudesse estender meus braços e tentar puxar as vigas de aço. Sim, vigas de aço, ou pelo menos alguma versão celestial de aço. Essas vigas pareciam estar embutidas como um enorme laço na superfície de vidro do portão, fixadas na forma de um enorme X.

A forma era quase invisível também, mas tinha um tipo de silhueta multicolorida, a cor mais perceptível era o vermelho. Eu me aproximei para olhar, meus olhos saltando das órbitas. Enquanto olhava para dentro desse reino surreal e lindo, vi coisas que nunca esquecerei. Vi crianças e adultos de todas as idades, cada um vibrantemente saudável, forte e contente. Vi uma multidão de bebês, desde o menor feto, tão pequeno quanto meu dedinho, até bebês maiores, criancinhas que pulavam e brincavam. Meu filho William, com seus cabelos escuros e espessos, estava nesse lugar? Sabia que estava, e como queria encontrá-lo com cada fibra do meu ser. E então eu vi alguém que reconheci – duas pessoas, na verdade – um casal que eu tinha amado na Terra e perdido há muitos anos. Eu puxei e empurrei o portão, mas ele não saía do lugar.

A superfície não era como nenhuma outra que eu já tinha sentido em minha vida. Levantei meus braços e puxei o laço de "aço". As pessoas me perguntam se parecia uma barra de ferro, arredondada, como uma catraca de metrô ou as barras em um parque infantil. Pra falar a verdade não se parecia com nada disso; na verdade, a superfície do laço era plana mas elevada, como uma viga num teto. Eu puxei, mas nada aconteceu. Coloquei todo o peso dos meus braços no centro do X e puxei para baixo. Ainda nada.

Em certo momento, desisti, sabendo que não conseguiria entrar. O que eu vi ainda me deixa com lágrimas nos olhos pelo menos uma vez por dia. Além do portão do paraíso havia visões maravilhosas, uma prévia do outro lado, com o propósito de trazer a mim – e a você – maravilha e conforto.

As primeiras maravilhas que Deus queria que eu visse para depois compartilhar com você era a multidão de bebês.

8 O ROL DE BEBÊS DO PARAÍSO

A primeira coisa que vi quando olhei para o enorme reino à minha frente foram os bebês. A porta tinha sido deixada aberta naquele espaço intermediário, o "portão interno", e eu podia ver através dela como se fosse de vidro. Você já sabe que eu não podia ultrapassar aquela porta, não importa o que fizesse.

Acredite quando eu digo que havia milhões de bebês, do menor feto, do tamanho do meu dedinho, a bebês prematuros e de todas as idades a partir da época normal de nascimento.

Eu senti um choque físico ao ver o número incrível de bebês, bebês e mais bebês, cada um querido e amado. Eles pareciam estar agrupados por idade, dos estágios iniciais de desenvolvimento até os mais velhos. Os fetos estavam todos juntos, e então havia outro grupo de bebês que eram recém-nascidos e as crianças bem pequenas.

Anos atrás, em muitas creches de igreja, havia o que era chamado de "rol de bebês": fotos de bebês dos membros da igreja eram penduradas nas paredes com as datas de nascimento. Era como uma galeria de orgulho dessas novas vidas crescendo na família da igreja. Ver esses bebês agrupados por idade me pareceu a versão celestial do "rol de bebês".

Na Terra, não haveria como esses fetos viverem fora do corpo de suas mães, mas aqui eles estavam vivos e saudáveis. Eu sabia que aqui eles iriam crescer e se desenvolver, perfeitamente seguros, inteiramente felizes e amados. No instante em que suas vidas, por qualquer circunstância infeliz, acabaram deste lado, os bebês chegaram a um mundo mais incrível que qualquer sonho que seus pais poderiam ter tido para eles.

E, se, por qualquer motivo, tenham sido indesejados na Terra, eles eram queridos no céu, extremamente valorizados. De algum modo, eu sabia que isso era verdade sem que ninguém me contasse.

Ver aqueles bebês no céu mais tarde me lembrou de uma exibição incomum num museu que visitamos uma vez, há muitos anos. Ruth e eu fomos a Toronto com minha filha Julie e seu marido Joe. Julie estava grávida de seu primeiro filho – nosso primeiro neto – e, assim, todos estávamos vidrados na exposição sobre fetos de um museu local. A exibição mostrava como os bebês se desenvolvem, estágio a estágio, semana a semana.

Julie estava completamente fascinada, observando atentamente até achar aquele que seria do mesmo tamanho que o seu em termos de desenvolvimento fetal. Seu filho estava se desenvolvendo. "feito de modo tão maravilhoso" (Salmos 138, 14), naquele exato momento! Olhávamos completamente cativados. Nenhum *blockbuster* ou jogo de final de campeonato poderia ter prendido mais a nossa atenção. Não sabíamos então se o bebê seria um menino ou uma menina. Não sabíamos quanta alegria essa criança nos traria, ou que se tornaria um ótimo rapaz, bonito, gentil e bom, um habilidoso piloto de caça da Marinha dos Estados Unidos.

Mas sabíamos isto: com três semanas, antes que Julie soubesse que estava grávida, o coração de Andrew começara a bater com seu próprio sangue, e, naquele momento, sua coluna vertebral tinha começado a se formar. Com quatro semanas, ele estava dez mil vezes maior que o óvulo fertilizado, e, com cinco, seus olhos, pernas e mãos estavam se formando. Eu vi bebês desse tamanho no paraíso, e seus braços e pernas se moviam. Eu não tinha qualquer dúvida de que estavam tão felizes e contentes quanto possível.

Mais tarde, isso me fez pensar sobre todas as vidas nem começadas que terminaram na Terra, vidas que recomeçaram no céu. Não importa como essas vidas tivessem acabado, eu sabia, sem que me dissessem, que havia respiro, esperança e vida lá, mesmo no menor dos fetos.

Quando eu pensei sobre os bebês do paraíso depois, pensei sobre nossos outros quatro filhos, nossos bebês – um que perdemos logo depois de nascer e três outros devido a abortos espontâneos. Onde estavam? Qual seria sua aparência agora? Se eu pudesse ultrapassar aquela entrada invisível, eu sabia que poderia encontrar todos os nossos queridos bebês perdidos.

Eu digo "perdidos" porque é claro que os perdemos. Eles tinham ido a um mundo além do nosso alcance. Cada vez que Ruth sofreu um aborto, nós sentimos uma perda que nunca esqueceríamos.

Talvez seja por isso que eu entenda o quão importante é compartilhar com as pessoas como estavam aqueles bebês no céu. Eu sei que, se você perdeu um bebê, nunca consegue esquecer aquele menininho ou menininha.

Havia um bebê em especial que ocupava meu coração e pensamentos, mesmo no paraíso. Eu nunca o segurei em meus braços, mas o amava profundamente, esse pequeno garoto com os cabelos escuros e espessos do seu pai.

Todo ano, no Dia da Memória[5], Ruth e eu visitamos seu pequeno túmulo numa seção do cemitério chamada "Terra dos bebês". Quando penso sobre aquele pequeno ser e a curta e dolorosa vida que teve, me veem lágrimas aos olhos, apesar de todos os anos passados desde que eu o vi.

Enquanto estava no portão do paraíso, absorvendo a visão de milhões de bebês queridos, eu queria muito ultrapassar aquela divisória intransponível até o outro lado. Sabia que, se conseguisse, poderia segurar meu filho nos braços pela primeira vez.

5 Tradução livre de *Memorial Day*, um feriado estadunidense no qual as pessoas prestam homenagens aos militares mortos em combate, bem como aos demais entes queridos que já faleceram. (N. T.)

Questões sobre bebês

Quando eu faço palestras sobre minha experiência no céu, quase sempre a maior parte das questões é sobre os bebês:

- Qual era a aparência deles?
- Quem os segurava?
- Quem estava cuidando deles?
- Eles estavam felizes?

E por aí vai. As pessoas querem saber cada detalhe do que vi a respeito daqueles bebês. Tantas pessoas que eu conheci depois das palestras estavam pensando em seus próprios bebês, bebês que perderam por aborto espontâneo ou mesmo voluntário. Eu já ouvi tantas histórias tristes. Tem sido uma honra confortar mães e pais pesarosos como eu, que também nunca puderam ver seus bebês crescerem.

Eu tento responder a essas questões da melhor forma que posso, e deixo o resto do consolo nas mãos de Deus. Sinto que ver aqueles bebês no paraíso foi um encargo sagrado para mim, um dos momentos mais sagrados e miraculosos da minha experiência.

Os bebês que vi no céu estavam a cerca de quarenta metros, mas eu os podia ver claramente e em detalhes. Se você está se perguntando como podia vê-los tão bem, mais uma vez, é porque eu estava em outro mundo, onde as limitações da vista terrena simplesmente não existem.

Eu uso óculos há anos, antes e depois da minha viagem ao céu. Não vejo nada sem eles. Mas, depois de aterrissar do outro lado, minha visão melhorou incomensuravelmente. Minha vista estava muito melhor do que tinha sido na Terra no auge da minha juventude e saúde. Mas, novamente, por que isso seria uma surpresa? Meus olhos, minhas orelhas, meu cérebro, meu corpo – tudo estava funcionando melhor que o normal. É como se eu tivesse me transformado de uma velha carroça quebrada em um carro de corrida brilhante com um motor de alto desempenho, e o mesmo aconteceu com todo mundo que eu vi lá. Aliás, eu nunca vi uma única pessoa no céu usando óculos ou aparelhos auditivos. Aleluia – também não precisei do meu aparelho auditivo lá!

O bebê que chamou a minha atenção

Os bebês estavam a uns quarenta metros de mim, mas era como se eu estivesse segurando-os em meus braços, tão bem eu os enxergava.

Havia crianças preciosas em todos os estágios de desenvolvimento, desde um feto minúsculo algumas semanas após a concepção até bebês com vinte a trinta semanas de desenvolvimento. Havia alguns pequenos com pálpebras, narizes e dedinhos recém-formados. Cientistas e médicos nos dizem que um feto de sete semanas já pode chutar e nadar, e alguns desses pequenos estavam dando chutes. Dizem que, após onze ou doze semanas, a maioria dos bebês pode agarrar algo com as mãos, ou até chupar os polegares. Eu vi bebês desse tamanho acenando com os braços e mãos, daquele jeito próprio dos bebês.

Os menores estavam todos juntos. Um atraiu a minha atenção, e eu sabia que tinha sido abortado – foi uma daquelas vezes no paraíso que me foi dado um conhecimento mais profundo, para além de simples intuição e impressão. Essa doce e pequenina pessoa era do tamanho do meu dedo, e se movimentava um pouco. Era um pouco diferente, de certo modo, dos outros bebês; muito pequeno, embora bem-definido. Não posso dizer exatamente qual era a sua idade, mas diria que tinha entre sete e nove semanas. Aprendemos que, nessa idade, os fetos já têm cada um dos órgãos no lugar, com ossos em miniatura substituindo a cartilagem, e impressões digitais começando a se formar. Na oitava semana, o bebê começa a escutar e, na nona, a soluçar. "Feito de modo tão maravilhoso", de fato!

Não sei a história desse bebê, mas sei que ele estava tão feliz e era tão adorado quanto todas as outras crianças no céu.

Estimado e cuidado para sempre

Parecia haver uma escala crescente de idades e estágios. Bebês mais velhos, que podiam andar e falar, estavam em outro grupo. Esses bebês tinham seu lugar especial no céu, logo depois dos menores.

Eu tive a sensação de que os bebês estavam muito felizes e contentes. Eles pareciam completamente tranquilos e satisfeitos, não sentindo falta de nada, como um bebê que acabou de tomar seu leite. Lembro-me de alimentar meus próprios filhos e netos, e como eles ficavam inquietos antes de eu lhes dar a mamadeira. Depois de beber o leite até a última gota, eles simplesmente ficavam deitados, bem-alimentados, bem-cuidados, relaxados, sem uma preocupação no mundo. Era assim que os bebês estavam no céu.

Uma das questões principais que me fazem sobre os bebês é: quem os estava segurando? A resposta é que ninguém os segurava, porque os bebês no paraíso simplesmente não precisam ser segurados. *Isso não parece ser muito bom*, você pode estar pensando. *Eles ficavam deitados no chão duro?*

Eu poderia ter pensado a mesma coisa, se não tivesse visto aqueles pequenos no paraíso com meus próprios olhos. E eles realmente estavam tão confortáveis, felizes e realizados como qualquer bebê que eu já vi na Terra.

Nenhum usava fraldas, embora aqueles um pouco mais velhos usassem um tipo de roupa simples, nada elaborado. Não era preciso alimentá-los, fazê-los arrotar, trocar suas roupas ou dar banho neles, como com os bebês daqui.

O que não quer dizer que os bebês no céu não sejam segurados. Aposto que são, e frequentemente, porque todas as coisas são lindas e agradáveis naquele lugar, e o que é mais agradável do que segurar um bebê?

Imagino que a grama à qual eles estavam próximos era mais suave do que qualquer cobertor já enrolado ao redor de um bebê aqui embaixo. Eu digo "próximos" porque havia uma camada de espaço entre os bebês e aquela grama verde. Você podia quase dizer que eles estavam descansando em travesseiros de ar – é como melhor posso descrever a superfície que embalava aqueles bebês. Também estavam acalentados no amor perfeito de Deus, inteiramente felizes e aquecidos sob o calor de sua luz e presença. Embora houvesse tantos bebês, senti que o número não importava. Cada um era estimado e bem-cuidado, porque é impossível imaginar lugar mais alentador do que a casa de Deus. No céu, há amor para todos.

William John Besteman

Quando perdemos nosso menino em 1960, algumas pessoas disseram todas as coisas erradas. Disseram que era a vontade de Deus ele ter morrido, ou que havia algo de errado com o bebê, então perdê-lo tinha sido realmente o melhor.

Se você perdeu um filho, sabe que essas tentativas de suavizar a sua dor são tão úteis quanto um chute na cabeça. Ruth e eu não fomos confortados por essas palavras. Elas eram as últimas coisas que nós diríamos a alguém sofrendo a dor recente de perder um bebê.

Logo depois de ter Julie, perdemos dois bebês, um após o outro, num intervalo de meses. Ambos de aborto espontâneo, com apenas seis semanas. Mesmo assim, foram perdas significativas.

Ruth teve uma gravidez completamente normal com Julie, nove meses exemplares enquanto essa nova vida crescia dentro dela. Então ficamos bastante assustados e deprimidos com a série de abortos e tragédias que se seguiu. Quando ela engravidou pela terceira vez após Julie, começou a ter alguns sangramentos. Mas nós não estávamos terrivelmente preocupados, mesmo quando o médico deu ordens a Ruth de repousar pelo resto da gravidez.

Eu trabalhava no banco nessa época, ganhando ninharias, mas não tinha problema. Naquela época, estávamos contentes de viver de amor e ninharias (e de sanduíches, como era o caso). Eu ficava no trabalho o dia todo, o que deixava Ruth presa na cama, tentando cuidar de uma criança enérgica e impedi-la de demolir a casa.

Aprendemos que repouso não combina muito com uma criança de um ano e meio que gostava mais do que tudo de subir nos armários e comer sal – esse tipo de coisa. Em pouco tempo, recorremos a alguns voluntários, e Julie passou a maior parte dos dias com a mãe de Ruth ou com a minha.

Após trinta semanas, Ruth sofreu o que é chamado "descolamento de placenta", uma complicação séria nos últimos meses de gravidez; aparentemente, o revestimento de sua placenta tinha se separado do seu útero. Ela ficou pálida, sangrando e com muita dor. Deitar em nossa cama e repousar não era mais uma opção, e ela precisou ser hospitalizada imediatamente. Em 1960, essa complicação ameaçava a vida da mãe e a do bebê, então estávamos todos extremamente preocupados. Eu perderia Ruth, além do bebê?

Ela deu entrada no hospital e passou as quatro semanas seguintes deitada, quase sem se mover, uma corajosa mãe guerreira lutando para salvar seu filho. Mas Ruth é muito criativa; enquanto ficou deitada como uma panqueca, tricotou um suéter para o bebê, com os braços tão imóveis quanto possível acima do peito. Mais tarde, quando a liberaram, um jovem médico que tinha cuidado dela ficou surpreso ao vê-la andando.

– Ruth, não fazia ideia de que você era tão alta – ele disse. – Só a tinha visto deitada, na horizontal.

– E eu não fazia ideia que você era tão baixo – ela retrucou. Ruth sempre teve um ótimo senso de humor, mesmo em seus dias mais sombrios.

Após 34 semanas, ela começou a sangrar excessivamente, apesar de todo o seu esforço para ficar parada e o da equipe médica para manter a criança dentro dela por mais tempo. Os médicos não tiveram escolha a não ser realizar uma cesariana e retirar o bebê mais cedo. Disseram-nos que ela morreria se eles não fizessem isso imediatamente.

Nosso maravilhoso médico, o dr. Grey, tinha sido ótimo conosco durante toda essa provação. (Lembro que lhe pagamos cinco dólares por semana por um longo tempo, e mesmo isso era duro. É engraçado as coisas que ficam na sua memória, anos após um acontecimento triste.)

Como sabia que Ruth era enfermeira, o dr. Grey explicou-lhe a situação em termos médicos. Ele foi muito gentil, mas não deu falsas esperanças. Disse que havia dez por cento de chance de o bebê sobreviver. Ruth sabia que isso queria dizer que era quase impossível. Tínhamos poucas esperanças, mas a esperança é assim: você se agarra a qualquer coisa que puder enquanto ela ainda existir.

Nosso filho William John Besteman nasceu naquele dia. Ele pesava 2,4 quilos e tinha cabelos escuros e encaracolados. Demos o nome William em homenagem ao pai de Ruth, e John, em homenagem ao meu avô. (Anos mais tarde, quando tivemos nosso quarto filho, um menino, a última coisa que queríamos era que tivesse meu nome. Eu sou Marvin Junior, e tivemos várias confusões com pessoas ligando pra nossa casa procurando meu pai, entre outros episódios. Nosso filho Mark nos agradeceu muitas vezes por não ser Marvin Terceiro.)

Como o dr. Grey temia, William tinha algo chamado "doença da membrana hialina", o que significava que seus pequenos pulmões eram muito viscosos para expandir direito e inspirar ar. Hoje, eles chamam isso de síndrome do desconforto respiratório (SDR). Resumindo, é uma série de sintomas que aparecem em bebês prematuros devido à falta de uma proteína que mantém suas vias respiratórias secas. Isso, combinado com os pulmões não plenamente desenvolvidos, foi o que afetou nosso bebê. (Em 1963, Patrick Bouvier Kennedy, filho do presidente John F. Kennedy e da primeira-dama Jacqueline Kennedy, morreu de SDR dois dias após ter nascido, prematuro, com 34 semanas, o mesmo estágio em que perdemos William.)

Hoje, essa doença afeta só um por cento dos recém-nascidos, mas é a principal causa de morte de bebês prematuros. Mesmo assim, se William tivesse nascido hoje, sem dúvida os médicos poderiam tê-lo salvo, mesmo que tivesse nascido seis semanas adiantado. Por causa do estágio em que estava quando nasceu, e do fato que era 1960, nada exceto um milagre poderia ter salvo o nosso bebê.

Ruth nunca viu seu primeiro filho. Nem eu nem ela o seguramos em nossos braços. Naquela época, as coisas eram feitas desse modo, mesmo que pelos padrões de hoje isso pareça cruel. Ruth tinha perdido tanto sangue que ficou completamente desacordada por horas após a cesariana. Ela acordou da cirurgia algumas horas depois do nascimento de William, mas os médicos provavelmente acharam que estava muito frágil para ser levada até a ala dos prematuros. Era outro tempo e outro lugar; as regras eram outras. Assim que nasceu, William foi rapidamente levado embora e colocado numa incubadora.

Eu tinha 26 anos; Ruth tinha 25. Eu era jovem, forte e capaz, mas me senti tão abatido e derrotado quanto um velho paralisado naquele dia. Caminhei pelo corredor frio do hospital aturdido, procurando pela ala dos prematuros para onde haviam levado meu filho. Quando encontrei o quarto certo, fiquei parado no lugar até meus pés adormecerem, e ainda assim não sai de lá. Uma janela de vidro me separava do meu filho. Eu nem imaginava que muitos anos mais tarde outra divisória transparente iria separar meu filho e eu, dessa vez no paraíso.

Das dez horas que William viveu, eu devo ter ficado lá de pé por umas seis, olhando seu pequeno corpo, enrolado em cobertores e completamente imóvel numa caixa de vidro. Eu não pude segurá-lo, nem tocar seu braço, que era menor que meu dedão. Eu não pude dizer que o amava nem oferecer qualquer conforto ou alívio. Não pude nem ficar ao seu lado e dizer: "O papai está aqui. O papai está aqui". Não me deixaram chegar mais perto do que já estava, separado pelo vidro. Sentia-me impotente, e, para um pai que faria qualquer coisa por seus filhos, essa era uma sensação horrível.

Então, eu fiz a única coisa que podia fazer por ele: fiquei lá de pé e o velei, olhando com uma mistura de amor e agonia. A maior parte do tempo, me sentia entorpecido, porque sabia que havia poucas chances de ele sobreviver. Lágrimas rolavam pelo meu rosto de quando em quando; nós estávamos perdendo esse bebê, era só uma questão de tempo.

Nesse estado infeliz, notei que William tinha os cabelos negros e espessos do seu avô. Nossos outros filhos eram carecas ou loiros, mas esse tinha o cabelo Besteman em abundância. Ele ficou deitado quase completamente imóvel, mas, de vez quando, movia um braço ou uma perna. Cada vez que fazia qualquer movimento, era um grande momento.

E então finalmente ele não se moveu mais. Quando tiraram a incubadora da minha área de visão, eu sabia que ele tinha falecido.

Não levei muito tempo para voltar ao quarto de Ruth. Ela estivera acordada por algumas horas e estava ainda em um estado grave desde a cirurgia e a perda de sangue. Quando entrei no quarto para contar a ela que nosso filho tinha morrido, não tive que dizer uma palavra. Ela soube pela expressão do meu rosto que ele tinha partido.

Quando vir William outra vez

Algumas pessoas disseram depois: "Você sempre pode ter outros filhos", o que, se você parar para pensar, é algo bem estúpido de se dizer. Eu sei, eles estavam tentando nos confortar, nos animar, como se houvesse um lado positivo nisso tudo. As pessoas muitas vezes não sabem o que dizer quando alguém perde um ente querido, muito menos quando é uma criança. Ou não dizem nada, fingindo que essa pessoa nunca existiu, ou vêm com essas pérolas de "compaixão".

Minha sugestão nesses momentos? Diga pouco, só: "Sinto muito. Amo você. Estou rezando por você". Diga pouco, mas demonstre muito. Expresse sua simpatia por meio de abraços, cartões, refeições e qualquer coisa prática que você puder fazer para ajudar.

Porque, se você perdeu um filho, sabe que naquele momento não quer "outros filhos".

Você quer aquele que o deixou, naquele momento e para sempre. Ah, você continua vivendo, eventualmente, porque a vida é assim. Às vezes, vemos pessoas que perderam seu primeiro filho e nos perguntamos como continuam vivendo.

Nosso "lado positivo" foi de fato Julie, nossa enérgica garotinha. Tínhamos que continuar nos movimentando por ela. Mas o que as pessoas não entendem é que seu coração nunca esquece aquele filho que você perdeu, não importa quantos vieram antes ou venham depois.

É bom que Deus não ponha todas essas coisas na nossa frente, que não nos deixe saber sobre elas antes que aconteçam.

O pior foi escolher o caixãozinho de William, sozinho. Ruth permaneceu no hospital por ao menos dez dias após a morte do nosso bebê. Quando fui à funerária, eles tinham essas caixinhas todas alinhadas. Foi muito difícil.

O funeral foi bem íntimo, só eu e meus pais na funerária. Não deixaram Ruth sair do hospital para o pequeno velório de William.

Ele tem uma pequena lápide, e, uma vez por ano, no Dia da Memória, nós visitamos seu túmulo e pensamos sobre o que poderia ter sido.

Temos um sobrinho, Scott, que teria a idade de William hoje, cerca de 51 anos. Vendo Scott crescer e passar pelas várias etapas da vida, pensamos em William e no que ele estaria fazendo hoje. Ele teria jogado hóquei, como eu e Mark, ou escolhido outro hobby? Com quem teria casado? Quantos filhos teria tido?

E claro que também pensamos sobre o que ele estaria fazendo no céu. Qual será sua aparência agora? Que tipo de homem ele se tornou naquele lugar perfeito? Ou ele não cresceu? Na minha mente, ainda é meu bebê de cabelos escuros.

Pessoas que compartilharam comigo suas histórias de como perderam seus bebês desejam segurar seus filhos em seus braços quando forem para o céu. Mas muitas acreditam que os bebês crescem no céu. Na verdade, é impossível saber na Terra. Essa é outra questão que é melhor deixar para a discrição de Deus. O mais importante a se lembrar é que todos os filhos de Deus, não importa com qual idade morreram, estão com Ele, seguros e amados. Quando o véu for levantado e os pudermos ver outra vez, tudo será perfeitamente revelado!

Claro que não tivemos oportunidade de batizar William. Algumas pessoas podem se preocupar com isso, e pensar que um bebê que não foi batizado não seria aceito no paraíso.

Isso nunca me incomodou. Eu nunca aceitei essa história que você tem que ser batizado para chegar ao paraíso. Soube que William estava lá desde o momento em que as enfermeiras empurraram a incubadora para fora do quarto dos prematuros e, anos depois, sabia que estava no céu quando eu estive lá também.

Mas, outra vez, não me permitiram atravessar a parede de vidro para ver William.

Foi uma grande decepção para mim não poder passar por aquele portão e encontrar meu filho, mas, aparentemente, não era a hora certa para isso. Da próxima vez que estiver lá, só Deus sabe quando, terei uma passagem só de ida. E, nesse momento, os anos de separação vão desaparecer. Então encontrarei meu filho, andarei ao seu lado e conversarei com ele e ficarei com ele até o fim dos tempos.

9 AS SEIS PESSOAS QUE VI NO CÉU

Eu cresci no sudoeste de Grand Rapids, Michigan, na avenida Cleveland. Sou o mais velho de três filhos de pais holandeses, que nos amaram e criaram para amar a Deus.

Isso foi há muito tempo, mas, quando penso sobre minha infância e as pessoas que me criaram para ser o homem que sou, sinto-me abençoado. Minha infância não foi perfeita, mas, de modo geral, foi amorosa e segura.

As lembranças me veem à mente como fotografias: morávamos próximo a uma lagoa, e, depois da escola, nas tardes de inverno, eu colocava meus patins e jogava hóquei com os amigos. Esquecia do jantar. Esquecia da lição de casa. Esquecia de tudo quando jogava hóquei. Aquilo se tornou minha paixão.

A família inteira ia para Silver Lake no fim de semana do Dia da Memória, onde abríamos nosso chalé. A minha lembrança mais vívida é dos meus irmãos e eu tremendo na água fria, tentando aprontar o cais e o barco. Enquanto isso, meu pai ficava de pé no cais dando ordens, aquecido e confortável em suas altas botas de borracha. Às vezes, ficávamos naquela água gelada por horas. Acho que meu pai pensou que ia fortalecer nosso caráter.

Eu era baixo na época. Quando cresci, me tornei um homem alto, mas eu era a criança mais baixa da minha turma até o verão entre o primeiro e o segundo colegial. Devo ter crescido uns doze centímetros naquele verão.

Muitos anos se passaram desde então. Eu não tinha a mínima ideia, na época, da influência duradoura que meus pais e outros familiares teriam na minha vida. Não tinha ideia do quanto sentiria a falta deles quando morressem. Nós não sabemos o que as pessoas significam para nós até as perdermos.

Rostos amados

Além do portão impenetrável do paraíso, estava um mundo que eu nunca havia imaginado, de grama verde e farta e um céu de pervincas entrelaçadas com turquesa, costuradas com cobalto e amarradas com safira. Eu sei que banqueiros normalmente não falam assim, mas a maioria deles não viu o que eu vi. Já disseram também que tenho uma veia poética.

Eu já tinha sido cativado pelo show de cores e luzes enquanto esperava no portão do paraíso. Mas agora estava tendo uma chance de espiar lá dentro. Vi os bebês primeiro e fiquei um tempo assistindo-os.

E então, para o meu prazer e surpresa, comecei a ver pessoas que imediatamente reconheci, algumas das quais significavam muito para mim antes de morrerem e se juntarem a Deus para residir naquele lugar que Ele preparou para nós.

Eu vi seis desses rostos amados. Alguns viviam lá há muitos anos, outros tinham deixado a Terra mais recentemente. Um parente muito amado tinha morrido apenas dois meses antes. Eu mal conseguia acreditar quando vi como ele estava, o quão drástica e completa tinha sido sua transformação física. Ele tinha uma aparência ótima!

Eu quero que você saiba o que essas seis pessoas significavam para mim. Quero contar como elas foram importantes na minha vida. Mas, acima de tudo, quero que você pense sobre as pessoas que *você* ama e que estão no céu também. Eu sei como você sente saudades de seus rostos, vozes e presença, porque eu sinto falta dos meus residentes celestiais do mesmo modo. Quando eu falar sobre as seis pessoas que vi no céu e o quão drasticamente alterada – mas inteiramente reconhecível – cada uma delas estava, espero que você fique profundamente reconfortado. Eu sei que você as quer com você outra vez – isso é humano. Mas juro que estavam melhores e mais saudáveis do que você pode imaginar.

O que você faria para ter a chance de olhar só por alguns momentos para uma pessoa amada que você perdeu? O quão importante seria trocar olhares e sorrisos e acenar para essa pessoa e vê-la acenar de volta? Você provavelmente daria qualquer coisa por isso, especialmente se soubesse que seus entes queridos nunca estiveram tão bem. Não importa que tipo de morte tiveram ao sair da Terra, acredite em mim – aqueles que você perdeu nunca estiveram mais vivos!

Alguns dos meus entes queridos morreram na velhice, fragilizados e abatidos, mas após viverem bem por muitos anos. Outras vidas acabaram cedo demais devido a doenças horríveis e debilitantes. Sua aparência quando morreram partiu o coração de todos que os amavam. Mas sabe como estavam quando eu os vi no paraíso? Cada um era um milagre.

Vovó e vovô Besteman

As primeiras pessoas que vi no céu foram meus avós, Grace e Adrian Besteman.

Estavam a cerca de vinte metros depois do portão. Eu poderia ter jogado uma bola e vovó ou vovô a teriam pego. Tentei outra vez ultrapassar a entrada para correr até lá, cumprimentá-los e abraçá-los, mas o "campo de força" invisível não se moveu nem um milímetro.

Meus avós estavam a uns três metros um do outro; andavam separados, mas ambos me viram no mesmo instante. Vovó sorriu e acenou, e eu acenei de volta, mal acreditando no que via. Ela tinha morrido há tanto tempo. Vovô, meu antigo parceiro de pesca, sorriu para mim e fez um gesto para que eu entrasse. Ele tinha falecido há ainda mais tempo que ela.

Meus avós Besteman chegaram aos Estados Unidos jovens, imigrantes dos Países Baixos. Eles se conheceram em Grand Rapids e começaram uma família lá. Vovô tinha um negócio de hortifrutigranjeiros, como muitos imigrantes holandeses. Ele comercializava todo tipo de fruta e verdura, comprando-os dos mercados em Chicago e transportando-os até Grand Rapids. Lembro que sempre havia cenouras cortadas e aipo com algum tipo de molho na mesa deles quando eu ia visitá-los, na infância. Vovó, uma senhora pequena com um dom para cozinhar, fazia um ótimo pão de banana. Eu nunca deixo de pensar nela quando sinto o aroma de pão de banana no forno.

Vovô tinha uma paciência de Jó. Quando penso nele, normalmente me vem uma lembrança de nós dois sentados por horas num barco no lago Baptist, esperando por um peixe. Nós jogávamos as iscas para pegar lúcios ou robalos, mas parecia que ficávamos lá uma eternidade; ele, o avô, sem se queixar, e eu, o menino de sete anos que não parava quieto.

Vovô e seu filho, meu pai, morreram ainda com muitos cabelos negros e encaracolados. E aqui estou eu, careca, sem esperanças de reaver meus cabelos.

Mas perda de cabelo era a última coisa na minha mente quando vi vovó e vovô. Ambos tinham morrido na velhice, versões acamadas e murchas de si mesmos.

Mas aqui estavam à minha frente, apenas vinte metros de distância, saudáveis e vibrantes, com rostos corados e caminhando animados. Ambos usavam roupas parecidas com as que tinham na Terra, e pareciam ter a idade em que tinham morrido. Mas não tinham a aparência de nenhuma pessoa de 85 anos que eu já tinha visto andando por aqui. Não estou brincando. Se eu tivesse jogado uma bola para eles, ambos davam a impressão de poder facilmente pular e pegá-la, jogá-la de volta e começar um jogo animado de futebol americano. Vovó e vovô! Eu estava maravilhado.

Mamãe

E então vi minha mãe, Marjorie Sweers Besteman, a mãe que havia se dedicado de coração e alma aos seus três filhos. Meu coração deu um pulo quando a vi – tinha sentido muitas saudades –, mas outra vez eu estava impedido de entrar no céu além do portão.

Ela foi a melhor mãe que um menino podia ter. A casa dos meus pais era o lugar preferido dos meus amigos para passar o tempo. Em primeiro lugar, morávamos ao lado de um terreno vazio com uma cesta de basquete. Mas a principal atração era minha mãe, que alimentava meus amigos quase sem parar. Ela tirava uma bandeja de biscoitos do forno e começava outra antes que a anterior tivesse esfriado.

Minha mãe nunca guardava o aspirador de pó. Quando não estava cozinhando, estava aspirando. E mesmo sendo uma holandesa grande e forte, estava sempre num vestido. Estou quase certo de que, na praia, ela usava algum tipo de roupa de banho híbrida entre vestido e maiô também.

Ela era completamente dedicada aos seus três meninos; assistia a todos os nossos jogos, fizesse tempo bom ou ruim. De certo modo, ela era uma mãe solteira, pois meu pai trabalhava sessenta horas por semana ou mais, administrando seu negócio. Ele comprava e vendia vegetais e frutas por meio da J. A. Besteman Company, assim como fazia o seu pai, antes dele.

Quando eu era adolescente, tinha de voltar para casa antes das onze da noite. Quando ficava na rua com o carro até muito tarde, nunca conseguia sair impune. Papai saía para o trabalho à uma da manhã na maioria dos dias, e punha a mão no capô para ver se estava frio ou quente. Se estivesse quente, eu ficava sem carro por uma semana. Ele tirava as chaves e as dava para minha mãe guardar. O que ele não sabia era que mamãe sempre sentia pena de mim e cedia depois de uns dois dias. É esse tipo de coisa que tenho em mente quando digo que fui mimado.

Minha mãe tinha uma cabeça muito aberta em alguns sentidos, além de um senso de humor um tanto rude. Ela tinha um ditado: "Se você puser seu traseiro nessa cadeira, suas pernas seguirão". Mas não usava a palavra "traseiro". Na verdade, há alguns ditados da minha mãe que não posso repetir neste livro! Pergunte, uma hora dessas, e eu lhe contarei alguns.

Sim, mamãe tinha uma cabeça aberta, exceto quando um de seus meninos estava sendo malcriado, e daí não tinha como escapar. Ela mantinha uma régua num gancho acima da porta de cada um dos nossos quartos. Se fazíamos algo errado, a régua descia e ela começava a nos bater.

Eu mencionei que ela era uma mulher forte? Ai! Mas, em muitos momentos, ela nos deixava fazer de tudo.

Além das travessuras de seus filhos, havia outra área na qual Marjorie Besteman não tinha uma cabeça aberta: ela era obstinada na obediência ao sabá, para dizer o mínimo. Para ela, domingo era dia de reverência devota a Deus, um dia separado para ir à igreja de manhã e à noite e para, nesse meio-tempo, mostrar piedade profunda. Pelo menos tínhamos que *mostrar* piedade para quem quer que nos estivesse vendo. Nós, meninos, podíamos balançar nossos pés na água do cais em Silver Lake, mas não podíamos entrar de corpo inteiro, não importava o calor que fizesse. Podíamos jogar bola atrás da casa onde ninguém nos via, mas não na frente. E podíamos andar de bicicleta no porão, mas não lá fora, onde os vizinhos poderiam nos ver enquanto caminhavam para o Senhor e, supostamente, tropeçar. Se parece legalista para você, imagine o quão confinado se sentia um trio de garotos alvoroçados. Mas apesar dessa única regra inflexível, mamãe normalmente tinha um coração mole com seus meninos e nós a amávamos muito.

Ela nos adorava, mas sua maior decepção na vida foi nunca ter tido uma menina. Mais tarde, nos seus anos dourados, teve seis netas consecutivas e esteve em sua glória.

Mamãe viveu uma vida longa e feliz, e veio a morrer aos noventa anos, de falência cardíaca. Nos seus últimos dias, tinha perdido tanto peso que nem parecia ela mesma. Lembro uma das últimas coisas que disse para mim: "Eu nunca quis ser a primeira a ir. Cuide do seu pai, Marv. Ele não vai durar seis meses após eu ir". Papai, na verdade, viveria mais seis anos e ainda não tinha morrido quando eu tive minha experiência celestial. Ele devia ser mais forte do que mamãe pensava! Aliás, quando meu pai morreu, com noventa e poucos anos, sua visão estava terrivelmente obscurecida. Ele estava quase cego, com degeneração macular. Um segundo antes de fechar os olhos pela última vez, eles se desanuviaram completamente. Deus restaurou sua vista bem a tempo de ele ver as visões do paraíso.

A última vez que vi minha mãe, ela estava debilitada e fraca, seu rosto gorducho estava afundado e cinzento. Um a um, seus órgãos estavam parando de funcionar. Eu não estava lá no momento em que ela morreu, mas foi um grande golpe para mim. Ela tinha idade para morrer – até eu já era velho naquela época. Mas só se tem uma mãe.

Quando eu estava no portão do paraíso, meus pés imóveis naquele solo sagrado, foi-me dada a bênção de ver essa pessoa amada mais uma vez antes de retornar. Ela estava um pouco mais próxima que meus avós, e eu podia ver claramente o seu aspecto e suas roupas. Parecia que tinha recuperado os vinte quilos que perdera durante a doença. Estava robusta, com o rosto corado e redondo e energia em seus movimentos – igualzinha à minha mãe de antigamente, cujo mundo inteiro era seus meninos. Tirando o fato de não haver aspiradores no céu, tudo estava igual. E ela estava usando um vestido igual àqueles que costumava usar na nossa casa na avenida Cleveland, quando assava biscoitos, aspirava o chão e perseguia seus meninos com uma régua ou um abraço. Mamãe sorriu seu lindo sorriso para mim, seu primogênito. Ela acenou e eu acenei de volta. Assim como meus avós, fez um gesto para mim, como que dizendo "Venha cá! Venha cá!". Mas eu ainda não podia atravessar, não importava o quanto eu quisesse.

Paul e Norm

Naquele momento, vislumbrei um bom amigo meu, Paul, à esquerda, a cerca de oitocentos metros de distância. Nós jogamos muitos jogos de tênis juntos, e ele tinha sido um gigante espiritual na minha vida. Tinha sessenta e poucos anos quando morreu de leucemia aguda. Numa ironia cruel do destino, Paul morreu no mesmo hospital em que eu fiquei por causa do insulinoma. Nós dois fomos para o paraíso, mas eu voltei, enquanto ele ainda está lá. Sorte dele!

Paul era um daqueles caras ótimos com detalhes. Nós servimos juntos em muitos conselhos e comitês de igreja, e eu o admirava por sua tremenda fé. Paul tinha mais confiança em Deus do que qualquer pessoa que eu conhecia. Ele arriscava com fé, às vezes sem um emprego, e Deus sempre o ajudava.

A última vez que vi Paul nós tínhamos levado nossos carros à concessionária da Cadillac no mesmo dia. Sentamos e conversamos por bastante tempo enquanto nossos carros estavam sendo consertados. Ele me disse que tinha feito alguns exames, que não estava se sentindo muito bem. Paul tinha uma suspeita de que algo estava errado.

Ele tinha razão. Depois daquele encontro fortuito, Ruth e eu fomos para a Flórida no inverno e eu nunca mais o vi com vida. (Claro que, quando o vi no céu, ele estava mais vivo do que nunca.) Nossos amigos nos informaram à distância o quanto ele sofreu em Michigan. Leucemia de ataque agudo é exatamente como parece: terrível, e com um desenvolvimento rápido. Todos disseram que Paul tinha uma aparência terrível antes de morrer. Na juventude, tinha cerca de um 1,90 metro e entre 100 e 110 quilos, com o tipo de barriga que enviava uma mensagem clara: esse cara não gosta de pular refeições. Se morreu com 65 quilos, foi muito. Ele estava magro ao ponto de ficar macilento, como muitos pacientes de câncer em seus últimos dias. Depois de dar entrada no hospital, Paul piorou rapidamente; dormia o tempo todo e oscilava entre a consciência e a inconsciência. Foi triste ouvir que meu velho amigo teve uma morte tão difícil.

Não acho que meus olhos poderiam ter ficado mais esbugalhados durante a minha estada no paraíso, e ter visto Paul foi só uma dessas visões inacreditáveis. Ele também estava sadio e forte – meu amigo grande e musculoso estava de volta à antiga forma, com seus cem quilos. Quem o conhecia sempre me perguntava a mesma coisa quando descobria que eu o tinha visto no céu: “O Paul ainda tinha aquela barriga de Papai Noel?”.

E quer saber? Tinha, sim!

Segundos depois de absorver o fato de que estava vendo Paul com meus próprios olhos, reconheci outro amigo, Norm, a uns dois metros de Paul. (Paul e Norm eram amigos, mas não parecia que estavam andando juntos, pelo menos não naquele momento.) Norm também era um ótimo cristão e líder de igreja devotado. Também era um empresário, como Paul, e eu apreciava as ideias de Norm e de Paul sobre o que significava ser um cristão no mundo dos negócios.

Norm tinha sido um golfista dedicado e um homem que adorava pescar. Nada o fazia sorrir mais do que um passeio de barco no lago Michigan, do que jogar sua vara de pesca e puxar salmões, um por um.

Meus dois amigos eram guerreiros de oração, e nós passamos muitas horas juntos rezando. Não sei se foi por isso que Deus escolheu esses dois homens para que eu os visse, mas eles foram significativos para mim e para minha vida espiritual.

Todo mundo que eu vi tinha sido influente na minha vida de alguma forma.

Infelizmente, Norm tinha sido vítima do câncer, e ele também sofreu uma morte dolorosa e agonizante, perdendo peso drasticamente. Aqueles braços fortes que antigamente podiam alçar os maiores salmões do lago encolheram até se tornarem galhos ossudos e debilitados. Ele morreu dois meses antes da minha viagem ao céu.

Agora, enquanto observava Norm e Paul, eu só conseguia balançar a cabeça com assombro. Norm era de novo aquele cara robusto e forte. Parecia que os dois nunca tinham ficado doentes um dia em suas vidas. Os dois tinham todos os cabelos outra vez e estavam usando roupas de lazer, o tipo de roupa que teriam usado no campo de golfe ou num jantar com as esposas.

Meus dois amigos me viram, e seus olhos se iluminaram com o reconhecimento, seus rostos se abrindo num sorriso enquanto também acenavam para que eu ultrapassasse o portão. ("O que você acha que as pessoas no portão pensaram quando você não entrou?" – Ruth me pergunta às vezes. E a resposta é que não sei. Mas uma coisa é certa, ninguém pareceu triste ou magoado. Mas também não pareciam entender que eu não podia entrar, não importa o quanto eu quisesse. Por quê? Outra vez, não sei. Talvez o pessoal do outro lado fique inconsciente sobre tudo que ocorre do nosso lado do céu. Assim como eu sabia de certas coisas sem que me dissessem, tenho certeza que meus entes queridos tinham um conhecimento mais amplo e profundo do que nós temos na Terra. Mas eles não pareciam entender que eu não podia entrar, uma vez que todos gesticularam enfaticamente para que eu ultrapassasse o portão. É mais uma peça do quebra-cabeça da minha experiência, a ser solucionada quando eu voltar de vez.)

Como gostaria de ter podido entrar – queria tanto me aproximar dos meus avós, da minha mãe, e agora de Paul e Norm. E sabia que, se pudesse ultrapassar o portão, encontraria William John.

Eu empurrei a entrada invisível outra vez, mas ela não se moveu nem um milímetro.

Por que eu vi essas pessoas?

Quando falei sobre as pessoas que vi no céu, meus conhecidos que perderam entes queridos (especialmente os que eu tinha conhecido) ficaram ansiosos por saber se eu também havia visto suas esposas, maridos, filhos, filhas, parentes ou amigos.

A verdade é que há centenas de pessoas que eu *poderia* ter visto – eu sabia que estavam no céu – mas que simplesmente não vi. Isso não significa nem por um segundo que eles não estavam no céu. Estão lá, sim!

Isso é algo sobre o qual eu refleti repetidamente – por que vi aqueles seis rostos preciosos, e não tantos outros?

Desde a minha experiência, eu li quase tudo que pude arranjar que tivesse sido escrito por pessoas que tiveram uma visão do paraíso. E uma coisa parece ser comum a todas: elas viram pessoas que foram influentes em suas vidas. Don Piper, autor de *90 minutos no céu*, viu seu avô e um amigo de infância que morrera quando Don era adolescente e que tinha sido essencial por levá-lo para o caminho de Deus. Ele viu dois professores, que tiveram papéis primordiais em sua vida, e sua bisavó indígena.

Eu nunca cheguei a uma conclusão sobre por que vi aquelas pessoas em particular e mais ninguém. Claro que rezei com isso em mente e perguntei a Deus diversas vezes. Pensei sobre o assunto muitas vezes, mas ainda não sei a resposta. Por que vi meus avós Besteman e não meus avós Sweers? Por que vi Norm e Paul e não tantos outros amigos que morreram? A melhor resposta que recebi foi simplesmente que Deus tinha seus motivos ao escolher essas pessoas, e isso tem que ser suficiente para mim. Meus conselheiros espirituais sugeriram que essas pessoas eram importantes para mim espiritualmente, e isso é verdade – todas o foram, de um jeito ou de outro.

Para mim, é infinitamente intrigante pensar sobre por que aqueles seis estavam lá para me receber. Quem estará lá para me recepcionar da próxima vez (pela segunda e última)? Os mesmos seis ou outros? Pense por um momento. Quem você acha que estará lá para recebê-lo?

Neste ponto, você pode estar se perguntando por que chamei esse capítulo "As seis pessoas que vi no céu", quando qualquer um poderia contar as pessoas que eu mencionei e chegar ao número cinco. Eu ainda não contei sobre o melhor encontro de todos. Momentos depois de ver Norm e Paul, eu vi a pessoa pela qual mais ansiava, aquela cuja morte partiu o coração deste velho: eu vi Steve.

10 PERDER E ENCONTRAR MEU MELHOR AMIGO

Meus olhos se voltaram à esquerda, além da grande reunião de santos. E lá, a uns catorze metros de distância, aproximadamente o tamanho de uma entrada de garagem comum, vi um amigo muito íntimo, meu improvável melhor amigo – meu genro de 42 anos, Steve.

Eu fiz força contra o portal invisível, mais força do que antes, mas ele não se moveu. Outra vez, meu coração pulou de alegria, e meus olhos e sorriso se abriram ao máximo. Steve! Ele estava surpreendentemente vivo no meio de toda aquela maravilha e beleza.

A primeira vez que vi Steve, ele era um universitário magrinho, um colega de universidade da minha filha Amy na Universidade de Central Michigan. Eles namoravam, e Amy o levou para casa para conhecer Ruth e eu. Ele não parecia particularmente nervoso, e recordo que pensei que ele era o rapaz mais educado que eu já vira na vida. Nem em um milhão de anos eu pensaria que esse jovem sorridente se tornaria um dia, depois de Ruth, meu amigo e confidente mais próximo.

Quando comecei a conhecer Steve melhor, soube que podia confiar nele com a minha filha. Ele era o tipo de cara que seria um marido e provedor leal, que trabalharia duro para sustentar a família. Quando veio me pedir a mão de Amy em casamento, eu lhe disse a mesma coisa que tinha dito a Joe, marido de Julie: "Você tem certeza de que consegue manter o padrão de vida ao qual ela está acostumada?". Eu estava brincando (bem, mais ou menos). "Você terá como lidar com os custos?" Um homem com uma filha provavelmente só terá a chance de intimidar o seu genro umas duas vezes na vida, se tiver sorte. Pensei que eu devia aproveitar ao máximo e me divertir um pouco com a situação. Mas claro que ele disse sim. E eu não me arrependi nem por um segundo.

Ele me chamava de "pai"

Steve era uma ótima pessoa. Com um coração generoso, estava sempre disposto a ajudar outras pessoas. Se você estivesse na beira da estrada com um pneu furado, Steve seria o cara que o ajudaria a consertá-lo. Ele passava em casa num sábado e dizia: "Pai, você precisa de alguma coisa por aqui?". E nós íamos à loja de ferramentas, pegávamos o que era preciso e realizávamos o trabalho juntos. Ele era uma pessoa extremamente leal, alguém que você queria como amigo, porque se fosse seu amigo agora, o seria por toda a vida.

Steve amava pescar assim como Ruth e eu adorávamos jogar golfe. Ele ia pescar toda hora e voltava com atuns e lúcios. Felizmente, era generoso com sua presa; nosso freezer estava sempre cheio de peixes.

Uma vez ele nos deu um enorme naco com todos os tipos possíveis de peixe, congelados juntos num bloco enorme. Pensei que teríamos que fazer uma fritada para vinte pessoas para nos livrarmos de tudo aquilo!

O bom é que Steve adorava comer. Ele era o primeiro na mesa e o último a sair dela, e nunca perdia a chance de dizer a Ruth que ela era a melhor cozinheira do mundo (o que ela adorava). Nós ficávamos maravilhados com quanta comida um cara magrinho como ele podia devorar. Depois de finalmente acabar de consumir tudo aquilo, ele ajudava a tirar a mesa e a lavar os pratos. Sério, Steve era o genro mais perfeito que um homem poderia querer.

Mesmo assim, fiquei surpreso quando ele veio a mim com uma pergunta não muito tempo depois de ele e Amy se casarem. Dois ou três meses após seu casamento, o pai de Steve morreu, ainda muito jovem.

Cerca de seis meses depois, ele me fez a seguinte questão: "Não tenho mais um pai, e preciso de um. Você gostaria de ser meu pai?".

Eu disse que rezaria, e que sim, tentaria ser o pai dele. Mas ele não quis que eu contasse a ninguém, nem a Ruth. Era o nosso segredo, e foi essa mudança no nosso relacionamento que criou um vínculo tão forte entre nós.

Nos anos que se seguiram, Steve frequentemente vinha pedir conselhos a mim sobre tudo. Ele tinha muitas questões sobre como criar os dois filhos deles – como impor castigos e dar elogios, técnicas de criação, resolução de problemas etc. Eu sentia que tinha cometido muitos erros ao criar nossos filhos e que tinha aprendido com eles, então lhe dei as respostas a que tinha chegado a partir de tentativa e erro. Steve me fazia perguntas sobre assuntos espirituais, casamento, emoções, relacionamentos de todos os tipos; várias, inclusive, sobre questões financeiras. Ele nem sempre seguia os meus conselhos, mas perguntava e eu tentava dar a melhor resposta possível. Nós conversávamos sem parar. E, aos poucos, após anos de conversas sinceras, nós nos tornamos tão próximos quanto pai e filho de verdade.

Os melhores anos de sua vida

Quando Steve foi diagnosticado com síndrome de Ehlers-Danlos, em 2005, eu não podia imaginar minha vida sem esse meu filho extra.

Eu nunca tinha ouvido falar dessa síndrome (também conhecida como SED), mas não gostei do que ouvi. As estatísticas mostram que a SED ocorre em uma a cada 5 mil pessoas, e afeta tanto homens como mulheres de todas as origens raciais e étnicas.

Eu não sou médico, mas Ruth é enfermeira – e uma ótima enfermeira, por sinal. Nós ficamos muito familiarizados com essa condição rara que afetou o nosso Steve. A síndrome de

Ehlers-Danlos é uma série de distúrbios do tecido conjuntivo, marcada por extrema mobilidade das articulações, pele que é facilmente puxada do osso (os médicos chamam isso de "extensibilidade") e tecido cutâneo delicado e fragilizado. A síndrome recebe o nome de dois médicos: Edvard Ehlers, da Dinamarca, e Henri-Alexandre Danlos, da França, que a identificaram na virada do século XX.

Aparentemente, Steve e todos aqueles que sofrem de SED têm uma falha no seu tecido conjuntivo, o tecido que dá apoio a muitas partes do corpo, tais como pele, músculos e ligamentos. A pele que descasca facilmente e as articulações instáveis da SED são resultado de falta de colágeno. (Colágeno é a proteína que funciona como "cola" no corpo, dando força e elasticidade ao tecido conjuntivo.) Pacientes de SED não têm essa cola, e, então, são propensos a deslocar ossos. Steve sempre adquiria lesões jogando esportes. Ele deslocava um joelho, e depois um ombro e um dedo. Nós simplesmente achávamos que ele era azarado e suscetível a lesões. Ninguém suspeitava de nada além disso.

Ficamos sabendo que suas veias estavam simplesmente se dissolvendo. Um médico contou a Steve e Amy que, durante uma operação, tentar suturar uma veia afetada por SED era como "costurar espaguete". Outra imagem que nos deram foi comparar as veias dele com um pneu estourando. Seus vasos sanguíneos simplesmente rompiam, causando hemorragia interna.

Articulações superflexíveis também é uma característica da doença. Pessoas com SED frequentemente dobram seus dedos para trás, ou levantam uma seção da pele e a puxam para cima, criando um tipo de tenda bizarra, como se a pessoa tivesse perdido cinquenta quilos e sua pele estivesse muito solta.

Dependendo do tipo de SED que a pessoa tem e de como ela sofre mutação no corpo, a severidade da doença vai de média a letal.

Uma biópsia em fevereiro de 2005 confirmou que Steve tinha a síndrome, e que seu caso era severo, embora, até vários meses depois, não tenhamos entendido o quanto. Não há cura, e o tratamento só ajuda a diminuir a progressão da doença e a controlar os sintomas. Os médicos de Steve monitoravam sua condição atentamente, dizendo que ele deveria ser especialmente cuidadoso quando fizesse qualquer atividade, até mesmo quando estivesse brincando com seus filhos. Qualquer tipo de golpe acidental, especialmente no seu tronco, poderia piorar muito os sintomas (Steve estava tendo aneurismas nessa parte do corpo). Ele não podia correr e pular e lutar com seus filhos como costumava fazer, especialmente quando uma bola de basquete no estômago seria a pior coisa do mundo.

Ele começou a se cansar facilmente. Até aparar a grama era tão difícil que ele tinha que entrar em casa e se deitar por um bom tempo para se recuperar. A doença o esgotou.

Em dezembro de 2005, surgiu a possibilidade de uma cirurgia para corrigir o problema. Espaguete ou não, havia uma possibilidade de os médicos operarem e possivelmente repararem seus vasos sanguíneos para que não ficassem tão delicados. As pessoas aconselharam Steve a fazer a cirurgia o quanto antes. Mas ele foi resoluto: "Não vou estragar o Natal dos meus filhos".

Perder Steve

Em nenhum momento pensamos que Steve fosse morrer disso, mas, em retrospecto, percebo que eu simplesmente não queria considerar essa possibilidade. Amy nunca perguntava aos médicos se Steve ia morrer; sua questão era: "Como vai ser a vida dele agora?".

"Comprometida", era a resposta deles, o que eu compreendi como um sinal de que ele teria que dormir mais e tomar precauções em suas atividades diárias. De modo geral, os médicos estavam confiantes de que ele viveria uma vida seminormal.

Nós nos sentíamos otimistas sobre o prognóstico de Steve quando partimos para o Arizona para o inverno, como de costume. Eu não fazia ideia de que quando me despedi de Steve estava dizendo adeus, até nosso encontro no céu.

Quando chegamos em Sun City, mantivemos contato frequente com Steve e Amy por telefone e e-mail. Sua cirurgia estava marcada para o começo de fevereiro, e Ruth voou para Grand Rapids para cuidar das crianças enquanto Steve e Amy foram para a Cleveland Clinic, em Ohio.

Eles puseram as malas na van e dirigiram por seis horas, abaixando os assentos no banco de trás e fazendo uma cama com travesseiros e um colchão, porque o médico havia dito que Steve precisaria permanecer deitado durante toda a viagem de volta. Eles esperavam que ele retornasse. Eu esperava a mesma coisa.

Será que ele sabia que poderia morrer? Acho que ele tinha uma sensação, no fundo, de que poderia. Muitas pessoas rezaram por Steve na igreja dele, e, quando Ruth se despediu, ele estava estoico. "Só me dê um beijo e nós já vamos", ele disse, de um jeito alegre. Acho que estava cansado das pessoas agindo como se ele já estivesse no seu leito de morte, e queria que a despedida fosse casual, não dramática nem prolongada.

Seu pastor tinha lhe escrito um e-mail no qual perguntava se ele estava pronto para morrer. Steve respondeu que sim. Mas ele certamente não queria ficar pensando sobre isso.

Após a primeira cirurgia na Cleveland Clinic, Steve sofreu uma parada cardíaca. Infelizmente, não se recuperou depois disso. Três cirurgias se seguiram nos próximos nove dias, e, depois da segunda operação, eles nem se deram ao trabalho de costurá-lo de novo. As coisas não podiam ser mais sombrias.

Quando percebi que Steve poderia morrer, joguei tudo dentro do carro e dirigi sozinho do Arizona até Michigan. É uma viagem longa, e tive muitas horas para pensar sobre o que estava acontecendo. Eu rezei, chorei e rezei de novo.

No hospital, Julie, Mark e a mãe e irmãos de Steve tinham se juntado a Amy no leito de morte do seu marido, onde ele oscilava entre a vida e a morte. Steve estava sob o efeito de tantos anestésicos que alucinava e fazia coisas sem muito sentido. Mas ele não sofreu – por isso sou muito grato.

Após a quarta cirurgia, os médicos não conseguiram parar a hemorragia interna, e Steve basicamente sangrou até a morte. Aquele rapaz alegre e magrinho com o coração de ouro estava morto – era impossível acreditar.

No meio da noite, quando o telefone tocou na casa de Amy e Steve, Ruth sabia que eram más notícias. Mark estava ligando para contar que Steve tinha morrido. Então eu recebi aquela temida ligação de Ruth e... bem, estou com um nó na garganta só de me lembrar. Não posso nem expressar como eu me sentia. Minha filha tinha perdido o marido, e meus netos, o pai. Como aquelas crianças sentiriam a sua falta! Como Amy sentiria a falta do seu marido!

Steve era tão talentoso, tão jovem – jovem demais para morrer. Eu teria tomado seu lugar de bom grado para que ele pudesse chegar aos setenta anos como eu. Sua família o adorava e as crianças na escola onde ele lecionava o amavam. Eu pensei em como ele estava animado para coordenar o clube de robótica da escola, e que agora não haveria ninguém para fazer isso. Você pensa nas coisas mais estranhas quando alguém morre, não é?

Eu fui à casa de Amy, e, juntos, Ruth e eu contamos aos nossos netos que eles tinham perdido o pai. Não há palavras para descrever o choque e a tristeza deles. Eu próprio chorava como uma criança. Tinha perdido meu genro e meu melhor amigo.

Andando, pulando e louvando a Deus

Dois meses depois, eu veria Steve mais cedo do que jamais imaginara. Depois da minha viagem ao céu, levei algum tempo para contar à minha família o que tinha acontecido. No início, não queria contar a ninguém, nem a Ruth. (Explicarei mais tarde por que foi tão difícil compartilhar minha experiência. Mas esta parte da história é sobre Steve.) Quando finalmente não aguentei e contei a Ruth, porém, o gelo foi quebrado, e não demorei muito para contar aos nossos filhos.

Quer saber o que é uma noite de emoções? Tente contar à sua filha onde o marido dela está e que ele a está aguardando. Nunca esquecerei aquela noite, a intensidade e a dor misturadas com alegria e espanto.

Amy estava num luto profundo depois de perder Steve, e estava lidando com um emaranhado de emoções, assim como todos que perdem um ente querido. Ela estava com muita raiva e sentia-se muito sozinha. E agora seu pai lhe estava dizendo que tinha visto Steve com seus próprios olhos no paraíso? Foi confuso para todos saber como se sentir com relação a isso, e especialmente para Amy. Ela provavelmente queria que Steve estivesse, de um jeito ou de outro, ainda sintonizado com ela, consciente de suas dificuldades na Terra. Quando ouviu que Steve estava feliz e radiante, feliz e inconsciente, ao que tudo indicava, de sua dor e solidão, não foram notícias exatamente boas. De certo modo, ela se sentiu ainda mais desconectada dele e ainda mais sozinha.

Eu tentei ser o mais sensível possível. Não ia ajudar se eu dissesse aos meus filhos que tudo o que eu queria era voltar ao paraíso. "Não tenha tanta pressa, papai", eles disseram, parecendo preocupados. Da perspectiva deles, eram notícias espantosas, sim, mas também dolorosas. Por acaso eu não os amava e não queria ficar com eles?

Claro que sim. Meus filhos e netos são as batidas do meu coração, e eu moveria montanhas por eles se precisasse. Mas se tivessem visto e ouvido o que eu vi e ouvi naquele mundo glorioso, teriam entendido que ninguém que põe o pé no paraíso quer retornar para a Terra.

Steve não queria voltar, disso tenho certeza. Quando o vi além do portão, a apenas alguns metros, tão próximo e ao mesmo tempo inalcançável, fiquei muito feliz. Nós nos olhamos e ambos tínhamos um sorriso enorme no rosto. Ele parecia muito contente, como se tivesse acabado de pescar um robalo de tamanho recorde e estivesse a caminho de pesá-lo. A doença que havia caído sobre ele como um cobertor cinza durante aqueles últimos meses tinha desaparecido, e Steve tinha a aparência mais forte e vigorosa que um homem poderia querer. Ele estava pulando para cima e para baixo! O cara que viveu uma semivida em seu último ano na Terra, tendo que tomar cuidados e enfrentar limitações, impedido de tomar parte em tantas atividades e prazeres de que gostava quando estava saudável, estava agora pulando como uma criança, exuberantemente. As correias da Terra – doença, fraqueza e preocupação – tinham sumido.

Que visão foi aquilo! Meu amigo mais querido, meu estimado genro, adorado presente dos céus, estava livre. Steve estava livre!

11 Depois que acordei

Pareceu que uma eternidade se passou enquanto Pedro foi consultar Deus para saber se eu ficava ou tinha que voltar. Na verdade, provavelmente se passaram apenas alguns minutos, talvez cinco ou dez, embora seja difícil estimar. Eu não estava usando um relógio, nem o teria checado se estivesse.

Eu vi tantas coisas magníficas naqueles minutos – bebês perfeitos e contentes, um lago divinamente lindo, cores sublimes, os rostos sorridentes de seis entes queridos e outras tantas coisas. Só para dizer o óbvio, esses foram os momentos mais impressionantes de toda a minha vida.

Para mim, a coisa mais importante era atravessar o portão para me juntar aos meus entes queridos e conhecer o Deus que eu amava, cujo amor eu podia sentir tão fortemente naquele lugar, aquecendo minha alma como um fogo.

Pedro enfim retornou, passando pelo portão imperceptível com um leve sorriso no rosto. Tinha uma expressão de quem estava prestes a me revelar um segredo.

– Marv – ele disse firmemente, me olhando com aqueles olhos intensos. – Falei com Deus, e Ele me disse para informá-lo que você tem que voltar, que Ele ainda tem trabalho para você na Terra. Ele ainda tem coisas para você terminar lá.

Eu estava prestes a discutir outra vez, mas era tarde demais. A decisão tinha sido tomada, e eu não tinha escolha. Um segundo depois, eu estava de volta na minha cama de hospital no Centro Médico da Universidade de Michigan, ligado a um emaranhado de tubos.

"Quero ir para casa"

Outra vez no meu quarto de hospital, senti um ataque de luzes – luzes gritantes, claras demais, que me agrediam como um balde de água gelada num dia quente. O céu era infinitamente mais brilhante – afinal, é iluminado por Deus –, mas lá meus olhos não tiveram dificuldade em se ajustar ao brilho.

Eu estava conectado mais uma vez a todos aqueles tubos – e à dor! Eu não tinha percebido como estivera abençoadamente livre da dor no paraíso. Agora o latejamento e a dor estavam de volta, com toda a força.

Duas enfermeiras entraram correndo para me examinar. Ruth disse que não era o procedimento padrão duas enfermeiras entrarem ao mesmo tempo. Normalmente, ela disse, uma é designada a um paciente e cuida dele sozinha. Por que elas entraram correndo daquele jeito, eu não sei. Algo no monitor deve tê-las alertado de que eu estava com problemas.

Acho que eu estava chorando até antes de elas entrarem, verificarem minha pressão sanguínea e os níveis de oxigênio e checarem os tubos e a intravenosa.

Depois de ver que eu não precisava de atenção médica (pelo menos não da forma que elas temiam), notaram que eu estava chorando como uma criança.

– Por que você está chorando? – uma delas me perguntou. Eu não lembro se ela foi particularmente gentil ou não. Nada nem ninguém me parecia particularmente bom naquele momento.

– Eu quero ir para casa! – choraminguei.

"Você tem que voltar... Ele ainda tem trabalho para você na Terra."

Se pudesse, teria batido os pés como uma criança de quatro anos contrariada. Não me importava nem um pouco com o fato de ter "trabalho para terminar". Queria estar de novo naquele lugar maravilhoso e sem dor, e não deitado, infeliz, coberto por tubos.

A resposta da enfermeira foi gentil e bem-intencionada.

– Vai demorar um pouco até você poder ir pra casa, Marv – ela disse, me olhando. Ela não tinha ideia de que eu estava falando sobre o paraíso, e não sobre Byron Center, em Michigan.

Como eu poderia começar a explicar isso para as minhas enfermeiras? Elas eram fiéis? Eu não fazia ideia. Não queria arriscar, caso não fossem. Obviamente, uma já pensava que eu estava agindo como um velho caduco, confuso ao ponto de pensar que poderia sair de lá após uma cirurgia séria. Se contasse a qual casa eu estava me referindo, elas pensariam que eu estava completamente maluco. Eu podia até imaginar os risinhos na sala dos enfermeiros!

Eu não me lembro do dia seguinte muito bem. Ainda estava numa dor horrenda, não importasse quantas vezes as enfermeiras aumentassem os analgésicos, e Ruth diz que eu tremia inteiro.

Aparentemente, eu tive alguns visitantes, amigos de Grand Rapids. Eu sabia que esses amigos eram fiéis, mas algo me impediu de contar a eles também. Quem acreditaria numa história como a minha? Eu não queria que meus amigos pensassem que eu tinha um parafuso a menos na cabeça.

E uma centelha de ressentimento tinha começado a queimar dentro de mim. Por que Deus me escolheu para ter aquela experiência, e então a fez tão fantástica e incrível que eu nem podia contar a ninguém sobre ela? Ele estava brincando comigo, me transportando àquele lugar de maravilhas infinitas e então me mandando de volta? Por que eu, Marvin Besteman, banqueiro aposentado? Por que não alguém mais vistoso e eloquente? Eu me perguntei isso milhares de vezes. (Mais tarde, meus conselheiros espirituais disseram: "Por que não você?". E tinham razão.)

Ele ainda tem trabalho para você na Terra...

Pensei provavelmente umas mil vezes: *O que será que Ele quer que eu faça?* Por meses após minha experiência, pensei sobre isso como um cachorro obcecado com seu osso.

Após cinco dias no hospital, fui para casa, em Byron Center.

Quando entrei no hospital para fazer a cirurgia, era inverno. Mas, quando saímos, era o começo da primavera: o ar estava mais quente; o céu, azul; e as árvores, florescendo.

Nós estávamos ansiosos para sair do hospital e estar ao ar livre outra vez. Mas não tinha comparação com a beleza e o conforto do paraíso. Enquanto estávamos a caminho de casa, sabia além de qualquer dúvida que eu nunca mais seria o mesmo.

Decepção

Depois de me acomodar em casa, primeiro no sofá e então aos poucos de pé outra vez, passando a viver minha vida normal, a ideia de que nunca poderia contar a ninguém, nem mesmo a Ruth, ficava mais forte.

Eu esperava que a experiência talvez se esvanecesse como um sonho glorioso, e que eu não tivesse que falar sobre ela. Não tinha vontade de discuti-la com ninguém.

Mas aconteceu o oposto. Aquilo não esmoreceu de jeito nenhum. Eu não conseguia parar de pensar sobre tudo o que tinha visto no paraíso e as pessoas que tinha encontrado. O tempo que passei lá começou a se tornar um tipo de obsessão.

Eu fiquei bastante deprimido, lutando diariamente com a depressão de ter retornado do paraíso para esse mundo sombrio.

Essa batalha constante com o que tinha acontecido (e com o porquê disso tudo) fez minha depressão piorar. Eu fiquei letárgico e apático em relação à vida, e Ruth começou a se preocupar com minha saúde mental.

E, então, um dia, sem aviso, não pude me conter. Cinco meses após minha viagem ao céu, na última semana de setembro, eu finalmente não aguentei mais e contei a Ruth. Não sei o que me fez contar a ela, mas de repente a história simplesmente irrompeu de mim.

Minha Ruth é uma ótima ouvinte, e eu nunca apreciei tanto essa sua qualidade do que quando estava narrando sobre meu tempo no paraíso.

Eu chorei. Ela chorou. Nós molhávamos os lenços e, então, tornávamos a chorar. Levou horas até eu contar tudo para ela, e então, de repente, eu tinha acabado meu relato.

– Marv – ela disse, de modo decisivo, quando finalmente parei de falar. – Você foi realmente abençoado.

Nós decidimos juntos que a melhor coisa a fazer seria contar aos nossos filhos e fazê-los prometer manter tudo em segredo. E a história acabaria aí. (Dá para acreditar que eu ainda achava que conseguiria escapar de contar às pessoas sobre o paraíso?)

Contamos aos nossos filhos pouco tempo depois de eu ter revelado tudo a Ruth. Eles não estavam pulando de alegria, mas também não estavam me chamando de mentiroso. Diria que a reação deles ficou num meio-termo.

Daquele jeito que os filhos – mesmo os de meia-idade – têm, disseram: "E agora?". Estavam naturalmente chocados e talvez até incrédulos no começo. Sabiam que eu nunca inventaria algo como aquilo, mas talvez achassem que eu tivesse sonhado ou alucinado. Eles precisariam de algum tempo para processar essas notícias extraordinárias.

Com esse peso tirado dos ombros, voltei a pensar que poderia manter esse episódio em segredo pelo resto da minha vida até aqueles dois anjos voltarem para me carregar para o céu, dessa vez sem volta.

O único problema foi que esse era um plano terrível; Deus sabia disso e, no fundo, eu também. O Senhor decidiu que eu precisava de um empurrão na direção certa, então me deu uma hérnia, me pondo a caminho de um médico.

E não serviria qualquer médico. Não, Deus escolheu a dedo o doutor que seria mais que um curador do meu corpo, que seria um curador da minha alma conturbada e teimosa.

Dois casos em um milhão

É quase impossível mentir para Ruth em relação à minha saúde e bem-estar. Então, por mais que quisesse esconder a misteriosa saliência que apareceu no meu estômago um dia, eu não a enganei nem um pouco.

A saliência era uma hérnia abdominal, ela anunciou com sua voz clara de enfermeira. Ela marcou uma consulta com um gastroenterologista para aquele dia e também disse que, por conta daquela hérnia, era bem possível que, no fim das contas, não fôssemos para o Arizona naquele inverno. Era isso que eu temia. Depois de mais de quarenta anos com uma mulher, você consegue ler a mente dela e, infelizmente, ela consegue ler a sua.

Então não tive escolha e acabei indo ao gastroenterologista para examinar minha hérnia. Joguei conversa fora com o médico sobre isso e aquilo – parecia que vinha uma tempestade, diziam que seria o inverno mais frio dos últimos tempos, e por aí vai.

Ele me examinou e concordou com Ruth em dois pontos: de fato, eu tinha uma hérnia, e jogar golfe em meio às palmeiras estava provavelmente fora de questão no meu estado.

Ah, mas eu ia para o Arizona.

– Tente me impedir – eu disse teimosamente.

– Não vai, não – ele respondeu, alegre.

Tivemos uma conversa sobre o assunto, ou seria discussão? Eu mencionei que sou cabeça-dura?

Eu estava sentado na mesa de exame, balançando minhas pernas enquanto o doutor estava em sua cadeira giratória, refletindo sobre meu caso.

Ele queria saber o que tinha acontecido comigo em Ann Arbor; aparentemente, achava que havia uma conexão entre minha cirurgia lá e minha hérnia. Eu disse que tinha sido operado para remover um tumor pancreático raro chamado insulinoma. Por acaso ele já tinha ouvido falar nisso?

Ele ficou em silêncio por um tempo um pouco longo.

– Nunca tive um paciente com insulinoma – disse lentamente. – Mas conheço alguém que teve.

– E quem seria essa pessoa? – perguntei de modo casual.

– Meu irmão.

Agora era a minha vez de ficar em silêncio. Eu estava totalmente espantado. Afinal, insulinomas acontecem com menos de uma pessoa em um milhão, e o irmão do meu médico tinha sofrido um. Estava curioso sobre o caso do irmão dele, e comecei a fazer perguntas até notar que ele tinha lágrimas nos olhos.

Ele me disse que, quando abriram o seu irmão para a cirurgia, encontraram um câncer em estágio avançado, e que ele morreria três meses depois. Lágrimas vieram aos meus olhos também, de compaixão pela dor do meu médico e também porque tinha me tornado muito emocional desde minha experiência no paraíso.

Em retrospecto, vejo agora que a incrível "coincidência" de eu ter tido a mesma doença rara que o irmão do meu médico formou um vínculo instantâneo entre nós. De repente, as barreiras entre doutor e paciente caíram e estávamos conversando atentamente sobre coisas pessoais, como se nos conhecêssemos há anos.

– Você é cristão? – ele me perguntou de repente.

Quando respondi na afirmativa (mas por algum motivo penso que ele já sabia a resposta), nós entramos numa conversa densa sobre o cristianismo, a igreja, teologia – tudo que você imaginar.

– As duas coisas que mais me preocupam são o paraíso e o inferno – ele disse após certo tempo. – O que você sabe sobre o inferno?

– Bem, não sei muito sobre o inferno – eu disse –, só o que a Bíblia fala sobre ele, o que não é muito. Penso que é um lugar terrível, basicamente a vida na ausência de Deus.

Nesse ponto, ele definitivamente tinha deixado de olhar o relógio. Minha consulta tinha levado muito mais tempo do que uma visita normal ao médico levaria. Eu só imagino o que aquelas pobres enfermeiras e recepcionistas disseram aos outros pacientes, que esperaram tempo demais na recepção.

A próxima questão dele, porém, foi a gota d'água, e praticamente garantiu que qualquer um esperando para se consultar talvez tivesse que aguardar o dia todo:

– Então me diga o que você sabe sobre o paraíso.

Opa. Eu estava em maus lençóis. O que eu sabia sobre o paraíso? Não tinha ideia de por onde começar. Eu não estava planejando contar a ninguém exceto meus parentes mais íntimos, e aqui meu médico e novo amigo me perguntava sobre o assunto diretamente. O que eu poderia responder?

E então Deus deixou perfeitamente claro, tão óbvio que até um holandês cabeça-dura entenderia. "Marv, esse é um dos motivos pelo qual te enviei de volta", Ele disse para mim numa voz audível. Sim, ouvi a voz de Deus. E Ele não estava brincando.

Suas palavras foram ditas como uma ordem, um comando direto dele para mim.

Bem, não tinha como desobedecer à voz de Deus. Eu contei tudo ao meu médico, do início ao fim, terminando a história uma hora depois.

Acredito que o Espírito Santo tinha preparado o coração dele para receber a minha história – ele estava receptivo a cada palavra. Alguns outros médicos a quem contei desacreditaram nela, mas esse estava completamente preparado para ouvir sobre minha viagem celestial.

Nós finalmente emergimos do seu consultório, e fomos até a mesa da enfermeira para marcar minha cirurgia de hérnia. Ambos tínhamos os olhos vermelhos depois de ficar em seu consultório por uma hora e meia. A expressão da enfermeira parecia dizer: "O que aconteceu lá dentro?".

Tinha acontecido muita coisa, para nós dois. Eu estivera procurando, desde 28 de abril, a razão pela qual tinha sido enviado do paraíso. Inesperadamente, no curso de uma consulta com meu gastroenterologista, recebi a resposta que procurava. Aquela conversa e a instrução que Deus me deu foram uma parte importante dos motivos pelos quais estou sentado aqui hoje, contando minha história para você.

Às vezes – e Ruth confirmará isso de bom grado – você tem que me explicar as coisas repetidamente antes que eu as entenda. Deus, em sua benevolência, me revelou o que queria que eu fizesse: contasse para o maior número de pessoas possível sobre meu tempo no céu.

A próxima vez que fui a esse médico para uma consulta de acompanhamento, ele me apresentou a uma de suas enfermeiras.

– Esse é o homem que salvou a minha vida – disse, não explicando mais nada.

Eu sorri para a pobre enfermeira perplexa.

– E esse é o homem que salvou a minha vida.

Nós dois estávamos falando a verdade. O doutor nunca explicou o que ele quis dizer com aquilo, mas, se eu tivesse que adivinhar, diria que ouvir minha história sobre o paraíso deu a um homem inseguro sobre sua vida após a morte a crença e a segurança pelas quais ele ansiava.

Já no meu caso, o doutor teve um grande papel em me ajudar a entender por que Deus tinha me enviado de volta. Foi para dar a pessoas como aquele querido homem uma mensagem de esperança, para iluminar a escuridão em seus corações, para ajudá-las a não temer tanto a morte e, em vez disso, aguardar com expectativa seu futuro no paraíso.

Foi como se um botão de reinicialização tivesse sido pressionado sobre minha vida na Terra, que se tornava mais significativa a cada pessoa para quem eu contava.

Depois daquela primeira consulta, foi como se as peças se encaixassem, e eu comecei a contar cada vez mais às pessoas. Nossos queridos amigos Jack e Ruth ouviram a história quando fomos para o Arizona naquele inverno. (No fim das contas, eu fui. Não disse que era teimoso?)

Eu disse que eles deveriam pegar os lenços, então claro que pensaram que eu estava morrendo de alguma doença incurável. Quando lhes contei minhas novidades, ficaram aliviados, e então chocados, e então molharam aqueles lenços, como eu tinha previsto.

Eu contei a um irmão, e então ao outro. Precisei de três seções, mas finalmente relatei a história toda, engasgado, para o meu paciente pastor em Michigan. No início, foi muito difícil falar, especialmente a parte sobre ver Steve no céu. Ainda não consigo falar sobre isso sem um nó na garganta.

Mas agora eu entendo as palavras de Pedro. Oferecer paz, segurança e conforto às pessoas, lembrá-las de que sua sensação íntima do eterno – "no seu coração a duração inteira" (Eclesiastes 3, 11) – é verdadeira, que esse mundo não é tudo que há, é por isso que Deus me mandou de volta à Terra.

Realmente, não sei quanto tempo me resta. Ninguém sabe. Mas enquanto ainda estou aqui, quero contar para a maior quantidade possível de pessoas sobre o paraíso e sobre Deus e seu Filho, os quais eu vi sentados naquele brilhante trono branco, reluzindo à distância.

12 ATÉ NOSSO PRÓXIMO ENCONTRO

Eu não vi o trono logo que Pedro foi falar com Deus sobre a possibilidade da minha permanência.

Eu vi muitas coisas maravilhosas através daquela entrada transparente, que eram, porém, só uma pista dos "bens que Deus tem preparado para aqueles que o amam" (I Coríntios 2, 9).

À medida que meus olhos avidamente passavam por aquela visão panorâmica do paraíso, absorvendo a vista de infinitas maravilhas, eu cheguei a avistar o trono onde nosso Deus e seu Filho estão sentados e onde reinarão para sempre.

O trono estava a cerca de um quilômetro, e era deslumbrantemente brilhante, com luzes brancas reluzentes. É difícil imaginar sentado aqui nesta Terra escura, mas no céu meus olhos podiam ver com muito mais claridade e muito mais longe do que podem aqui.

Vi enormes pilares ao redor do trono, e uma enorme multidão de pessoas, homens e mulheres, meninos e meninas, dançando e cantando num coral de louvor aos dois Seres sentados nele. Sim, disse que os homens estavam dançando, e seus braços também estavam erguidos, em adoração!

Alguns dos meus amigos holandeses cristãos reformados vão ter dificuldade em se imaginar dançando em louvor, ou até erguendo as mãos. Tudo que já fizeram num local de culto foi levantar, sentar e virar até a página 54 no hinário. Não importa o quão devotamente amemos nosso Deus, erguer as mãos em culto é impensável, até para mim. Um dias desses, vou chocar todo mundo na igreja e simplesmente levantar as mãos bem alto – e eles que pensem o que quiserem.

Provavelmente, o que pensariam seria: "O bom e velho Marv foi ao céu – ele não consegue evitar".

Bem, ninguém vai conseguir quando estiver ao pé do trono de Deus, louvando os dois Seres que eu vi à distância, exaltando os Divinos com uma pureza e alegria que nós nunca vimos.

Sim, eu vi dois Seres, imagens indescritíveis, mas eles pareciam duas pessoas sentadas lá. Eu sempre supus que essas duas pessoas eram Deus e seu Filho, Jesus.

O que eu não daria para estar mais perto! Para ver meu Pai celestial e seu Filho que morreu por mim cara a cara – até *eu* mal posso acreditar no que nos espera no paraíso.

Experimentaremos a vida como fomos destinados a vivê-la, antes da Queda, sem estresse, pressão, negatividade, medo, ansiedade, doença e morte. Nunca mais nos preocuparemos com o que as pessoas pensam de nós, o que quer dizer que faremos coisas lá que nunca achamos possível aqui. Desculpem, homens, vocês vão ter que dançar. E o mais estranho é que não vão se importar nem um pouco com isso.

O paraíso é assim – na casa sem pecado de Deus você finalmente é livre para viver verdadeiramente e servir seu Senhor com alegria em qualquer trabalho que Ele tiver preparado para você.

Antes da minha viagem de ida e volta, eu nunca imaginaria que seria capaz de ser uma testemunha dos mistérios e da majestade do paraíso. E jamais teria imaginado a missão que Ele tinha para mim: tornar-me seu mensageiro de esperança e conforto para as pessoas.

Eu morri mesmo?

Depois que comecei a contar às pessoas sobre minha experiência no céu, a questão que muitas vezes surgia era se eu achava que tinha realmente morrido ou "só" ganhado uma prévia. Logo depois de contar tudo a Ruth, escrevemos ao Centro Médico da Universidade de Michigan para tentar descobrir o que tinha realmente acontecido naquela noite em 2006. Muitas pessoas com quem falei sobre minha experiência queriam algum tipo de prova ou verificação. Ruth e eu também queríamos algum tipo de fundamentação, ela ainda mais do que eu, por ser uma enfermeira. ("As enfermeiras são assim", ela me disse.)

Então, pedimos relatórios de exames, de radiografias, relatórios cirúrgicos – tudo que estava impresso, eles enviaram. Não ficamos muito surpresos quando nenhum desses documentos revelou nada.

A única coisa que queríamos do hospital mas não conseguimos eram as notas manuscritas das enfermeiras. Elas poderiam ter nos contado mais sobre o que aconteceu, especialmente o motivo pelo qual aquelas duas enfermeiras entraram correndo no meu quarto como se eu estivesse pegando fogo. No dia seguinte ao episódio, Ruth perguntou como havia sido minha primeira noite pós-operatória, e ninguém lhe disse nada incomum.

Mas o que aconteceu comigo foi muito incomum – foi extraordinário, na verdade, e não me incomoda não ter um papel com o carimbo do hospital como prova.

Embora eu não saiba exatamente o que aconteceu comigo naquela noite, por motivos conhecidos só a Deus me foi dada uma prévia da vida no além. Em algum lugar entre a vida e a morte, entre aqui e lá, eu dei uma espiada no que está por vir.

Eu sei que Deus quer que eu lhe conte o que eu vi e confie nele sobre os detalhes. Não saberei, até a próxima vez que for ao céu, quais vidas foram tocadas pela minha experiência, mas Deus me deixou colher alguns desses frutos aqui na Terra.

Depois que eu passei a contar minha história a qualquer um que estivesse disposto a ouvi-la, comecei a falar para pequenos grupos em igrejas, orfanatos e lares de idosos. Com frequência, as pessoas vêm até mim no final para me contar histórias, muitas vezes histórias que nunca contaram antes. Ouvi confissões sobre o contato de pessoas com anjos e com o céu, e sobre bebês amados e perdidos, há muito tempo ou recentemente. Às vezes, ouço até como minha história confortou alguém ou o levou por um caminho diferente.

Falei uma vez numa casa para cerca de vinte pessoas, todas parentes da anfitriã. Ela havia convidado uma série de pessoas, mas só tinha uma em mente: seu sobrinho, que havia se desviado da igreja e da sua fé.

Depois da minha fala, o sobrinho veio até mim e disse algo surpreendente:

– Vou me certificar de que o verei no portão algum dia – ele disse, com lágrimas nos olhos. – Eu sei agora que preciso voltar a uma igreja que conte a verdade sobre Cristo.

Uma vez, numa igreja grande, uma menina de doze anos veio até mim após minha fala, agarrou minha mão e não a largava mais. Ela chorava muito:

– Eu preciso contar a você. Decidi ser batizada e me juntar à igreja – ela disse. – Eu quero saber se você vai cuidar de mim e me esperar no portão.

Normalmente, as crianças vêm com perguntas fantásticas. Elas são muito diretas com suas questões, o que eu aprecio.

– Como era o chão no paraíso debaixo dos seus pés?

– Os anjos tinham asas?

– Quem estava cuidando dos bebês?

Tantas pessoas querem saber sobre os bebês, e tantas têm histórias sobre bebês que estão ansiosas para rever algum dia. Uma mulher se aproximou de Ruth e eu após uma das palestras e nos contou sobre seu filho, que morrera de SMSI (Síndrome de Morte Súbita Infantil). Um pai ou mãe nunca esquecem, não importa quantos anos se passem. Nossa amiga encontrou um consolo profundo ao ouvir sobre os bebês contentes e saudáveis que eu vi no paraíso.

– É um conforto tão grande saber que ele está num lugar feliz – ela disse.

No portão de embarque

De fato, eu sinto uma urgência de contar às pessoas sobre minha experiência, por que quem sabe quanto tempo tenho até retornar? É por isso que escrevi este livro, embora preferisse estar jogando golfe. A Ruth é quem lida com os pedidos de palestras; de outro modo, eu aceitaria tudo. Ela diz que Deus lhe deu a tarefa de não me deixar exagerar, então estamos escutando-o e rezando por sabedoria a cada passo dessa aventura inesperada.

Desde que fui ao céu, não posso dizer que me tornei o Santo Marv, com um halo ao redor da minha careca, flutuando sobre o chão. Se eu tentasse andar sobre a água do lago artificial fora de casa, certamente sairia com as pernas molhadas e enlameadas, e, ainda por cima, pareceria um imbecil. Ainda sou o mesmo pecador de setenta e poucos anos, acredite!

Mas Deus parece estar tão mais próximo de nós dois agora, provavelmente por que o consultamos para tudo, até para as menores coisas. Coisas que, no passado, teríamos considerado insignificantes demais para merecer uma oração, agora temos em mente quando rezamos. Uma coisa sobre a qual converso com Deus são as chances de contar minha história a quem quer que Ele possa mandar no meu caminho.

Um exemplo perfeito: ontem Ruth jogou golfe o dia inteiro e me deixou em casa trabalhando no livro. Nosso termostato estava falhando, e o ar-condicionado quebrou. Chamei a empresa de calefação e refrigeração, e eles me enviaram um rapaz para o conserto. Depois de fazer os reparos, o jovem viu um livro sobre minha mesa, escrito pela minha coautora. Nós conversamos sobre o livro, e eu disse que ela também estava escrevendo um livro comigo sobre minha viagem ao céu. Ele ficou completamente atônito, como muitas pessoas ficam. Não sei o que esperava, mas não era aquilo! Conversamos por dez ou quinze minutos e ele me disse que tinha sido criado católico, mas que não ia à igreja há anos. Ele e sua mulher tinham acabado de ter um filho, e estavam considerando voltar à igreja por causa do bebê. O rapaz pareceu ver minha história como uma confirmação de que deveria voltar para o caminho certo outra vez. Ele deixou minha casa com um sorriso no rosto e um DVD com a minha história embaixo do braço.

Uma das partes mais significativas da minha missão – e também a mais difícil – foi me tornar um tipo de guia turístico para aqueles que logo deixarão essa Terra. "Algum dia quando esta vida terminar, voarei para longe", como diz aquela canção[6]. Essas pessoas queridas que estou guiando estão no portão de embarque, esperando seu próprio voo suave e pacífico através do céu mais azul de todos.

Meu bom amigo Irv acabou de morrer, o que partiu meu coração. Queria que você tivesse conhecido Irv. Depois que se apegava a você, não dava para se livrar dele; a parte boa é que você nem desejaria isso. Ele tinha um jeito de atrair as pessoas e foi o amigo mais leal que um homem poderia ter. Tantas pessoas o visitaram em seus últimos dias que se tornou uma piada no lar onde ele morreu, devido ao câncer: "Pena que Irv não tem mais amigos". Todo mundo amava Irv, incluindo eu.

Eu me sinto muito bem sabendo onde ele está agora, e que pude prepará-lo um pouco para a viagem à sua frente. Antes de sua morte, passei horas ao lado de sua cama, contando a ele todos os detalhes que conseguia lembrar sobre o paraíso. Irv até leu parte deste livro antes de morrer.

Nós temos um pacto: o primeiro a ir ao paraíso vai encontrar o outro no portão. Irv e eu conversamos sobre isso muitas vezes.

6 A canção é "I'll fly away", de Albert E. Brumley. No original: "Some glad morning, when this life is o'er, I'll fly away". (N. T.)

Quando Ruth e eu entramos na igreja de Irv para seu funeral, avistamos sua esposa, que é também nossa amiga íntima. Quando a cumprimentamos, as primeiras palavras que disse foram: "Ele está esperando por você".

Um coral de anjos e santos

Todos os dias desde que voltei do paraíso, ouço um pouco daquela música divinamente linda que ouvi na casa de Deus. De modo geral, ouço de um a seis minutos dessa música no meio da noite, mas, algumas vezes, ouvi trechos dela em plena luz do dia, enquanto estava jogando golfe, dirigindo ou lendo.

Desde o segundo em que pisei no solo sagrado à frente do portão, fui cercado pela música mais linda que já havia escutado. Um milhão de vozes estelares (não há audições para esse coral!), mil órgãos e mil pianos me envolveram como pura graça.

Na visão de João do paraíso, ele ouviu os mesmos sons cheios de glória: "Na minha visão ouvi também, ao redor do trono, dos Animais e dos Anciãos, a voz de muitos anjos, em número de miríades de miríades e de milhares de milhares" (Apocalipse 5, 11).

A maioria de nós não canta tão bem deste lado, mas, no céu, não há cantores desafinados. Se você sempre quis cantar como um anjo, mas não consegue de jeito nenhum, espere para ver o quão fantástica serão suas performances lá!

Cada nota daquela música louvava e glorificava a Deus; ouvi muitos "aleluias" dos cantores.

As canções que ouvi eram, em sua maior parte, familiares; canções que tinham habitado por muito tempo os cultos dos quais eu havia participado na Terra.

"Jesus, Jesus, há algo especial nesse nome..."

"O Rei está vindo, oh, o Rei está vindo..."

"Sagrado, sagrado, sagrado."

"Que amigo temos em Jesus."

Um pastor me dirigiu, certa vez, uma ótima questão com relação à música.

– E se for alguém de uma tribo primitiva na África, por exemplo, que nunca ouviu música de coral? – ele disse. – Ouviria algo diferente, algo mais familiar e belo a ele?

É uma ótima questão, não é? Eu não gosto de especular, embora as pessoas sempre desejem que o faça, mas, nesse caso, vou arriscar um chute. Acho muito possível que você ouça a música de que gosta. Se o paraíso é pura felicidade, por que não imaginar que o Deus que criou a música em todas suas formas irá oferecer algo para todos?

É também possível que a música tenha mudado no segundo em que eu deixei o paraíso, assim como Pedro poderia ter falado outra língua com a próxima pessoa que conheceu na fila do portão.

Qualquer que seja nosso estilo de música preferido, sem dúvida todos amaremos a música no céu.

Quando ouço a musica celestial aqui embaixo, são sempre as minhas canções preferidas que ouvi lá; nunca é "tocada" uma canção que eu não adore. Eu poderia ouvir essa música para sempre – e um dia, ouvirei!

Esperarei por você

Jesus nos diz: "Eu sou o caminho, a verdade e a vida" (São João 14, 6). Todos os que creem são bem-vindos no paraíso.

Quero que você saiba sobre a realidade de Cristo e a autenticidade do paraíso. Quero que saiba que a paz e a alegria totais o aguardam. Você está animado?

Se você já se sentiu pouco amado na sua vida – e todos nos sentimos, de vez em quando – por favor, saiba que se sentirá inteiramente, completamente amado no céu. Não há nada indiferente lá! Havia amor em todo lugar. Eu senti o amor vindo das pessoas na fila comigo, e as amava também. Eu senti o amor de Deus e de seu Filho.

O céu é só amor, puro e simples, algo para nós aproveitarmos para todo o sempre.

Você lembra o que eu pedi que considerasse no início deste livro? Você tem uma resposta? Eu o verei no portão?

Eu o aguardarei lá. Mal posso esperar para retornar. Então, até nos encontrarmos outra vez, eu o deixo com as palavras de Cristo, terminando minha humilde revelação com suas palavras de despedida:

> *Eis que venho em breve, e a minha recompensa está comigo, para dar a cada um conforme as suas obras. Eu sou o Alfa e o Ômega, o Primeiro e o Último, o Começo*

e o Fim. Felizes aqueles que lavam as suas vestes para ter direito à árvore da vida e poder entrar na cidade pelas portas. Fora os cães, os envenenadores, os impudicos, os homicidas, os idólatras e todos aqueles que amam e praticam a mentira! Eu, Jesus, enviei o meu anjo para vos atestar estas coisas a respeito das igrejas. Eu sou a raiz e o descendente de Davi, a estrela radiosa da manhã. O Espírito e a Esposa dizem: "Vem!". (...) Aquele que tem sede, venha! E que o homem de boa vontade receba, gratuitamente, da água da vida! (...) Aquele que atesta estas coisas diz: "Sim! Eu venho depressa!". Amém. Vem, Senhor Jesus! A graça do Senhor Jesus esteja com todos. (Apocalipse 22, 12-21)

Posfácio

No dia 19 de dezembro de 2011, Marv e eu fomos almoçar com a sua coautora, Lorilee. Queríamos fazer algo por ela e vê-la mais uma vez antes de partirmos para o Arizona, onde tínhamos passado os últimos invernos.

Ela tinha mais uma tarefa para Marv: a dedicatória e os agradecimentos para este livro. Ela nos orientou durante o processo de escrita desses últimos detalhes, assegurando-nos de que era a única tarefa relacionada ao livro que Marv ainda teria até a publicação.

Enquanto comíamos salada e sanduíches, terminamos o trabalho que faltava e passamos o tempo remanescente papeando, como sempre. Marv e eu abraçamos Lorilee, e prometemos manter contato por e-mail. Marv adorou trabalhar no livro com ela, mas foi um projeto difícil também. Falar sobre sua experiência no céu mexeu com suas emoções e foi esgotante para ele, e trabalhar nos capítulos sobre a perda do nosso bebê, William, e depois de nosso genro Steve foi particularmente penoso.

Eu sabia que Marv estava aliviado por ter terminado. Ele tinha fielmente completado o trabalho pelo qual Deus o havia enviado de volta à Terra. Agora podia relaxar no Arizona, jogando golfe e visitando nossos amigos.

Mas Deus tinha outros planos. Marv havia voltado do paraíso quase seis anos antes e, em cada minuto desses anos, tinha ansiado muito por retornar. Não sabíamos naquele dia no Restaurante do Russ, mas Deus estava ciente de que o tempo de Marv na Terra estava quase acabando.

No dia seguinte, Marv foi hospitalizado com pneumonia, e passamos a semana do Natal no hospital. Ele foi liberado rapidamente, mas seria readmitido alguns dias depois. Dessa vez, tinha pneumonia no outro pulmão. Marv estava fraco, e era difícil vê-lo naquele estado, mas eu tinha esperança de que ele não passaria mais que dois ou três dias no hospital. Nesses dias, recebi mais de cem e-mails de amigos e familiares preocupados com Marv. Ele era muito amado na Terra, mas mais ainda no paraíso.

No dia 9 de janeiro, notei que Marv estava sofrendo uma fraqueza acentuada no seu lado esquerdo e tinha dificuldade em falar e apertar as mãos dos médicos. Uma tomografia revelou um coágulo sanguíneo do lado direito do cérebro. Ele foi transferido para a UTI.

Aqui está um excerto do meu e-mail a parentes e amigos no dia 13 de janeiro:

Marv passou por alguns dias muito difíceis. Pudemos retirar o tubo de alimentação na quarta-feira à noite, mas ele teve de ser reinserido hoje. Continua sendo um grande problema engolir. O tubo é necessário para lhe fornecer medicamentos e mantê-lo nutrido. Ele me reconhece, mas ainda está muito cansado. Os médicos enfrentam um dilema: reintroduzir os anticoagulantes e se preocupar com sangramento ao redor do coágulo, ou parar os anticoagulantes e se preocupar com outro coágulo. Ele continua muito doente e, verdadeiramente, está nas mãos de Deus.

Marv continuou piorando, e em 18 de janeiro, tive que tomar a decisão mais difícil da minha vida – remover o tubo de alimentação de Marv. Outro e-mail:

Após muitas lágrimas, orações e perguntas, decidimos parar com toda a medicação e comida e mantê-lo confortável com analgésicos... Essa foi uma decisão dificílima, mas sei que Marv não iria querer viver desse modo. Aqueles de vocês que o ouviram falar sobre sua viagem ao céu sabem o quanto ele quer retornar. Dessa vez será uma viagem só de ida.

Muitos amigos e parentes visitaram Marv nos três dias seguintes, incluindo sua coautora, Lorilee. Com lágrimas escorrendo pelo rosto, ela segurou suas mãos e lhe disse que aqueles dois anjos estavam vindo para ele outra vez.

– Você vai esperar por mim no portão? – perguntou-lhe. Marv mal estava consciente ou lúcido, mas ambas sabíamos que ele tinha dito "sim".

Nossos filhos e netos puderam expressar seu profundo amor por Marv mais uma vez.

Em 21 de janeiro de 2012, às 18h15, Marv voou de volta ao céu. Eu estava sentada ao seu lado naquele dia, fazendo tudo possível para mantê-lo confortável, e sussurrando palavras de devoção. Eu o amava com todo o coração. Sabia que ele estava no portão de embarque, esperando pelos anjos.

Um amigo tinha trazido o devocionário *O chamado de Jesus*. A leitura daquele dia me deu um profundo conforto. Eu inclusive o li a Marv naquelas horas finais:

> *Quero que seja inteiramente meu. Retiro todas as suas outras dependências. Sua segurança depende só de Mim – não de outras pessoas, não das circunstâncias. Depender somente de Mim pode fazê-lo sentir que anda numa corda bamba, mas há uma rede de segurança por baixo: os braços eternos. Então não tema cair. Olhe, ao contrário, para Mim. Estou sempre à sua frente, chamando-o – um passo por vez. Nenhuma altura ou profundidade ou qualquer outra coisa em toda a criação pode separá-lo da Minha presença amorosa.*[7]

7 YOUNG, Sarah. *Jesus Calling*. Nashville: Thomas Nelson, 2004, p. 22. Há uma edição brasileira do livro: *O chamado de Jesus* – Encontrando a paz em sua presença. Rio de Janeiro: Sextante, 2012.

Naquele dia, Deus chamou seu filho Marv diretamente para seus braços eternos. Meu querido estava em paz, outra vez no lugar para onde desejava tanto ir.

Aqueles dois anjos foram buscá-lo outra vez?

Pedro estava lá para recebê-lo? E, em caso afirmativo, quais palavras eles trocaram?

Não sei as respostas a essas questões. Mas sei que ele se reencontrou alegremente com nosso filho William John e nosso amado genro Steve.

Sei que nenhuma porta intangível o separa dessa vez das pessoas que estimou: seus pais, avós e muitos amigos.

Marv nos foi enviado de volta porque Deus lhe disse: "Eu tenho mais trabalho para você".

Acredito que esse trabalho era, em grande parte, o livro que você tem em mãos, um livro terminado um dia antes da saúde do meu marido começar a declinar, e cheio do amor de Marv para você, leitor. Claro, está cheio com muito mais do que podemos imaginar, com o amor de Deus que enviou seu teimoso servo de volta para escrevê-lo.

A maior esperança de Marv era de que muitos outros pudessem ver a paz e glória que ele experimentou no céu. "O céu é só amor, puro e simples, algo para nós aproveitarmos para todo o sempre", ele escreveu nestas páginas. Marv está vivendo nesse amor incomparável hoje!

Ruth Besteman
Byron Center, Michigan
9 de maio de 2012

Conheça outros títulos do nosso catálogo

Sabemos que todo mundo reconhece aqueles que inovam, criam ou provocam situações que, de alguma forma, chamam a atenção. Então, faz sentido afirmar que o segredo do sucesso pode ser resumido em ser criativo. Neste livro, o leitor entrará em contato com técnicas profissionais para desenvolver toda a capacidade do cérebro e impressionar com novas ideias.

Elimine bloqueios, lide com a rejeição, aprenda a fazer um brainstorming eficaz, construa mapas mentais, elabore projetos vencedores, aumente sua produtividade em reuniões, impressione seu chefe, crie apresentações profissionais, e muito mais... Tudo isso em um só volume!

Do mesmo autor de "Como fazer alguém se apaixonar por você em 90 minutos"

Como convencer alguém em 90 segundos é a garantia de uma comunicação de sucesso, transformando as conexões instantâneas em duradouras e produtivas relações de negócios. Neste livro, o especialista Nicholas Boothman ensina como usar o rosto, o corpo, a atitude e a voz para causar uma primeira impressão marcante, estabelecendo confiança imediata e criando fortes vínculos de credibilidade.

O Sucesso pertence a Você é um livro que oferece soluções práticas para problemas reais.

Através de insights especiais e exercícios interiores, o autor ensina como combater pensamentos destrutivos e se libertar de sentimentos obscuros, como stress, medo, raiva e ansiedade. Aproveite a viagem!

Milhares de pessoas mudaram suas vidas seguindo os ensinamentos de Mike Dooley, um dos mais consagrados palestrantes da atualidade. Neste livro, que se tornou best-seller no *The New York Times*, o autor reuniu toda a sua experiência em treinamento motivacional.

Uma exploração profunda pelos mistérios do Universo, *Infinitas Possibilidades* abre janelas, portas e trilhas em direção a uma maneira corajosa e plena de viver.

Este livro foi composto nas fontes Sabon LT Std, Trajan Pro e
Poetica Std e impresso em papel *Norbrite* 66.6g/m² na Imprensa da Fé.